Auf dem Weg nach Hause sagte sie ganz ruhig: »Liyana, ich glaube nicht, daß er Araber ist.«

»Und?« Das war spontan reagiert, aber natürlich nicht die Art, einer Mutter zu antworten, wenn man sie auf seiner Seite haben wollte.

touchdown
Alibaba Verlag

Umschlaggestaltung Klaus Chmielewski unter Verwendung eines Bildes von Jürg Matthys

touchdown im Internet:
Informationen, Kommunikation und Rätsel für kluge Köpfe: www.Alibaba-Verlag.de
E-mail: Info@Alibaba-Verlag.de

»Habibi«
übersetzt aus dem amerikanischen Englisch
first published 1997 by Simon & Schuster, New York

Satz: Publikations Atelier, Frankfurt am Main
Druck: Druckerei Before, San Benedetto del Tronto (AP)
Printed in Italy
ISBN 3-860 42-091-7
touchdown ist das Jugendbuchprogramm im Alibaba Verlag

Naomi Shihab Nye

Habibi

übersetzt von
Abraham Teuter

touchdown
Frankfurt am Main

Der Kuß

Liyana Abboud hatte gerade ihren ersten Kuß geschmeckt, als die Eltern verkündeten, die Familie würde in ein anderes Land ziehen. Dies geschah bei einem ›Familienessen‹ im Country Time Diner in St. Louis. Liyana und ihr Bruder Rafik gingen nicht gerne in dieses Restaurant, weil ihr Vater immer wieder das Essen zurückgehen ließ. Es sei ihm nicht warm genug, erklärte er jedesmal.

Natürlich wußte keiner von dem Kuß, den Liyana insgeheim in einem Beutel direkt unter der Haut trug.

Dr. Kamal Abboud, den sie Poppy nannten, kam sofort zur Sache. »Was haltet ihr von einem Umzug nach Jerusalem? Wir könnten dort ein neues Leben anfangen!« In seinem Gesicht leuchtete ein höchst ansteckendes Lächeln. Er war ein gutaussehender, lebhafter Mann mit ungebändigtem schwarzen Haar und dunklen Augen. Liyanas beste Freundin Claire sagte immer, er sehe aus wie ein Filmstar, aber nicht wie einer der anderen Väter.

Seine Frau Susan hatte langes, braunes Haar, das sie meist zu einem glatten Pferdeschwanz zusammengebunden trug, braune Augen und eine ruhige Art zu reden. Wie üblich reagierte sie als erste auf das Schweigen. »Unsere Familie ist an einem Kreuzweg angekommen. Du …« – sie zeigte auf Liyana – »wirst nächstes Jahr auf die Oberstufe gehen. Und du …« – dies galt Rafik – »… bist fertig mit der Grundschule. Wenn ihr erst einmal in den neuen Schulen seid, wird es euch schwerer fallen, den Ozean zu überqueren. Deshalb ist jetzt der beste Moment für große Veränderungen.«

Der Kuß begann, ein Loch in Liyanas weiche linke Backe zu brennen. Dort hatte alles angefangen. Das Feuer wanderte zu ihren Lippen, wo der Kuß angekommen war. Sie sah sich schon mit flammenden Lippen über der Speisekarte sitzen.

»Wow!« sagte Rafik. Er fuhr sich mit beiden Hände von vorne nach hinten durch das schwarze, lockige Haar. Das tat er immer, wenn er aufgeregt war.

»Liyana, wo schaust du hin?« fragte Poppy.

Sie hatte sein Lächeln noch nicht erwidert. Ihre Augen waren auf den Blumenkranz über der Kasse fixiert, und ihr Mund versuchte, die Worte *»Vielleicht ist das keine gute Idee«* zu finden. Sie blieb stumm. So hatte sie sich gefühlt, als sie letzten Winter den Unfall auf der eisigen Straße gehabt hatten. Sie hatte den Fleck bemerkt, den der Markerstift auf dem Autositz gemacht hatte, nicht aber das Blut auf ihrem Ellenbogen. Eingefroren in eine Beobachtung.

Das Land verlassen?

Natürlich hatte Liyana immer wieder mal davon gehört. Irgendwann würde die Familie die Vereinigten Staaten verlassen, das Land, in dem ihre Mutter, ihr Bruder und sie geboren waren, und in das verdrehte Land ziehen, aus dem ihr Vater gekommen war. Es war nur fair, daß er ihnen sein Palästina zeigen konnte. Sie sollten beide Seiten ihrer Geschichte kennenlernen.

»Wißt ihr«, sagte Poppy, »ich hatte nie daran gedacht, für immer hierzubleiben. Ich hatte nie vor, Bürger der USA zu werden, sondern wollte nach dem Medizinstudium zurück. Aber ich wußte nicht ...« – Und von dieser Stelle an verdoppelte Rafik wie bei einem Chorlied seine Worte: »... daß ich mich verlieben und so viele Jahre bleiben würde.« Rafik legte seine Hand aufs Herz und schloß die Augen. Poppy lachte.

Er wollte, daß Liyana und Rafik ihre Großmutter Sitti kennenlernten. Er würde eine Stelle in Jerusalem am Al-Makassad Krankenhaus annehmen. Alles war schon per Brief und Fax ausgemacht. Auf Liyana und Rafik wartete ein neues Leben. Früher wäre das Liyana wie ein großer

Spaß vorgekommen. Aber das war lange her, in der Zeit vor dem Kuß der letzten Nacht.

Am meisten an dem Kuß hatte sie überrascht, daß er nicht von Philipp kam. Der hatte im Kino rechts neben ihr gesessen und hätte sie küssen sollen: Sie waren schon lange gute Freunde und sie war in ihn verknallt. Nein, der Kuß kam von links, von Jackson.

Jackson war in ihrem Sozialkunde-Kurs. Liyana mochte, wie er roch – wie Poppys alte Flasche *English Leather.* Im Unterricht ließen sie kleine Zettel hin- und hergehen und verglichen so ihre Informationen über Mali und Äthiopien, oder sie beglückwünschte ihn bei Gelegenheit zu seinem riesigen Wortschatz. Manchmal standen sie zusammen in der Schulkantine zum Essen an, sprachen über die glitzernden Enchiladas und aßen zusammen, aber nicht an jedem Tag.

Jackson hatte sich zu ihr gebeugt, um zu fragen, was die Schauspielerin gerade gesagt hatte, und gleich darauf hatte sie gespürt, wie sich seine Lippen auf ihre Backe kuschelten, dann zu ihrem Mund wanderten, dort innehielten und dann leicht gegen ihre Lippen drückten.

Liyana hatte keine Ahnung, was am Ende des Films passiert war. Für sie drehte sich alles in einem blauen Wirbel, wie bei einer Unterwasserszene. Danach drängten sich ihre Freunde lachend zur Ausgangstür. Jackson stolperte über einen leeren Popcorn-Becher. Es gefiel Liyana, daß er ihn vom Boden aufhob und wegwarf. Das sagte etwas über ihn aus. Sie sprachen nicht viel auf Claires Pizza-Party, und als Liyana später von Poppy abgeholt wurde, sagte sie nur an alle gerichtet: »Bis dann, in der Schule«, als wäre nichts geschehen.

Und jetzt sollten sie das Land verlassen. Die Kellnerin goß Poppy Tee nach.

»Was machen wir mit unseren Sachen?« murmelte

Liyana. Das Klavier, die blauen Fahrräder, die Puppen mit den verfilzten Haaren, mit denen Liyana schon jahrelang nicht mehr gespielt hatte, die sie aber nie hatte weggeben wollen und die jetzt in einer Kiste lagen, die Berge an Büchern, das Gestell mit der Tafel, auf der Liyana und Rafik ihre Nachrichten aufgeschrieben hatten. Es stand im Flur zwischen ihren Zimmern.

Hast du meinen roten Marker genommen? Das gibt Ärger, Freundchen!

Klingonen-Eindringlinge haben den roten Marker an sich genommen!

Wo bliebe das alles, wenn sie von neuem anfingen? Für Liyana bekam das Wort Einwanderer plötzlich eine neue Bedeutung, und viele kleine Nadeln stachen in ihre Haut. Jetzt wäre sie die Einwanderin.

Poppy streckte den Finger nach der Kellnerin aus. »Herzchen«, sagte er zu ihr. »Meine Kartoffeln sind innen eindeutig eiskalt.«

Jet-set

Sie flogen im dampfend-heißen Juni nach New York, ließen ihre siebzehn Koffer und Liyanas Geige am Flughafen und begannen ihren Aufenthalt, ausstaffiert mit Rucksäcken, beim Empire State Building, fuhren aber bald zur Freiheitsstatue und dort mit dem Fahrstuhl hoch in den Kopf von Miss Liberty. Poppy wanderte in den Fußstapfen seiner Vergangenheit. Er wollte, daß sie genau das sahen, was er gesehen hatte, als er nach Amerika gekommen war.

»Als Miss Liberty durch den Nebel sichtbar wurde und sie ihre Hand hob, war es, als würde mich eine alte Freundin begrüßen, so viele Fotos hatte ich von ihr gesehen.«

»Es ist nicht nur eine Hand, Poppy, es ist eine Fackel«, sagte Rafik. Seine Mutter warf ihm einen raschen Blick zu. Er sollte schweigen, damit Poppy weitererzählte.

Poppy erinnerte sich. »Als ich ein Schild mit ›Hot dog‹ sah, dachte ich, sie wären wirklich aus Hundefleisch gemacht. Ich fand das schrecklich. Und die großen blitzenden Mülleimer hielt ich für Briefkästen.«

Neunzehn Jahre später aß er mit seiner amerikanischen Familie riesige, köstlich schmeckende Brezeln an einem Straßenstand. Sie trafen auf orientierungslose Familien im Sommerurlaub und verspeisten doppelte Portionen Rocky Road Eiscreme.

»Von jetzt an heißt Eiscreme *bussa*«, meinte Poppy, »und Marshmellows wird es auch nicht mehr geben. Ich glaube, die Atlantiküberquerung haben sie noch nicht geschafft.«

»Sie würden nur naß werden«, meinte Rafik, und Liyana verdrehte die Augen.

Für sie waren die Wolkenkratzer das Größte. Ihre funkelnden Linien trugen Liyana aus ihrem Kummer empor.

Sie würde gerne in jedem der polierten Fahrstühle hoch und wieder runter fahren, auf die Knöpfe drücken, beobachten, wer ein- und wieder ausstieg. Manchmal merkt man, daß die Welt voller wunderbarer Menschen ist, die man noch nicht kennengelernt hat. Sie kaufte sieben Postkarten mit unterschiedlichen Motiven – die Brooklyn Bridge, Washington Square, der Fischmarkt – und überlegte, welche sie Jackson schicken sollte.

Als sie im Sonnenuntergang zum Flughafen zurückkehrten, um den Nachtflug über das Meer anzutreten, wirbelte irgendwo über dem dunklen Atlantik ein Sturm. Sie hörten, wie die Passagiere darüber sprachen. Bedrohliches Krachen von entferntem Donner ließ Liyana zusammenschrecken. Ihr Flug war zwei Stunden verspätet. Liyana behielt die anderen Leute, die auf den Flug warteten, im Auge. Sie wollte herausbekommen, ob sie unruhig waren.

Aber sie schauten nur schläfrig aus. Eine gähnende Frau, die einen geblümten Schal unter das Kinn gebunden hatte, schleppte einen Korb voller Bonbonkisten, Papiertaschentücher und Kaffeefilter mit sich herum. Gab es diese Dinge im Nahen Osten nicht? Eine andere Frau rollte den Regenmantel ihres Mannes zusammen, legte ihn auf den Boden und ließ ihre Kinder sich mit den Köpfen darauf legen. Unruhig sah niemand aus.

Als Rafik dann den Reißverschluß seines Rucksacks öffnete und einen riesigen Beutel Cornflips rausholte, ging Liyana auf die andere Seite des Gates, um sich dorthin zu setzen. Sie ertrug es nicht, neben jemand zu sitzen, der schmatzte. In ihr Kladde schrieb sie: *Eine indische Dame im purpurroten Sari weint. Groß wie ein Abschied.*

Eine Kette aus Klee

Bevor die Familie Abboud St Louis verließ, gab es viele Augenblicke, in denen Liyana dachte, sie wäre lieber irgend jemand aus ihrer Nachbarschaft, jemand, der vorhatte, hier in der Gegend zu bleiben, langweilige Sachen zu machen, wie in Manninos Gemüseladen zu gehen, die Wassermelonen und die aufgestapelten Gläser Erdnußbutter anzustieren. Lieber wäre ihr gewesen, sie müßte ihr Leben nicht ändern.

Sie kannte den Busch mit den roten Beeren, die wahrscheinlich giftig waren. Sie wußte, welcher Bus in die Innenstadt fuhr. Oft waren die Abbouds an einem trägen Sonntagabend mit offenem Fenster herumgefahren, »um die Luft zu riechen«. Das, so sagte Poppy, würden die Leute in Jerusalem machen.

Die Luft in St. Louis roch nach Teer und Schmalzgebäck, alten Holzbrettern, vom schlammigen Flußwasser ausgespült, roten Ziegeln und Lakritze. Vom Auto aus gesehen verschwammen die blättrigen grünen Büsche und Bäume ineinander. Wie konnte Liyana dies alles aufgeben? Sie wußte, wie das Gras kurz nach dem Regen roch, ein reiches Gebräu aus Schmutz und grünen Wurzeln.

Und ihre Finger wußten, wie die dürren Kleestiele am besten zusammenzubinden, um eine Kette zu machen, die sie quer über die Straße spannten, damit die Autos anhielten. Sie stand dann auf der einen Straßenseite und Rafik auf der anderen. Er hielt sein Ende in der Hand, bis er es vergaß.

Natürlich konnten die Autos einfach durchfahren. Aber die meisten Fahrer lachten nur und bedeuteten Liyana und Rafik, die Kette wegzuziehen. Es war der Tag, an dem sie zum ersten Mal anderen von ihrem Umzug über das Meer erzählt hatten, als ein Mann in einem roten Lieferwagen auf die Bremsen trat, mit den Fäusten drohte und brüllte, er würde sie bei der Polizei anzeigen und sie würden eine Strafe zahlen müssen.

»Wir sind Kinder!« rief ihm Liyana zu. Er starrte sie nur an, sie ließen die Kette fallen und er fuhr weiter.

»Kann er das wirklich?« fragte Rafik.

»Wir gehen rein«, sagte Liyana. »Ich will nicht spielen.«

Blink

In den Wochen vor der Abreise schien es Liyana, daß Poppy seine Art zu gehen geändert hatte. Seine Schritte waren weiter geworden. Er telefonierte viel ins Ausland. Mrs. Abboud beobachtete ihn dabei und hob wie ein Trainer oder Schiedsrichter alle zehn Finger, wenn sie meinte, er sollte auflegen.

Aber es gab auch Zeiten, in denen er in Schweigen verfiel. Am Tisch vergaß er die blaue Baseball-Kappe auszuziehen, die er bei der Arbeit im Garten trug. Er kämmte sein Haar nicht mehr so sorgfältig wie früher. Wenn er in der Zeitung einen Artikel über Demonstrationen in Jerusalem las, rollte er das Papier zusammen und schlug sich damit gegen den Arm.

»Was ist los?« fragte ihn Liyana, als er zum letztenmal Benzin in den Rasenmäher schüttete. »Hast du Angst, daß wir einen Fehler machen?«

»Nein«, antwortete er. »Ich habe nur daran gedacht ... wie gerne ich das hier mache.«

Sie bemerkte, wie er ganz gewöhnliche Dinge anstarrte: Das Scharnier an der Tür zur Vorratskammer, den Medizinkasten im Badezimmer. Wenn sie ihn dann fragte, was machst du, sagte er: »Ich erinnere mich.«

Liyana versuchte auch, sich von jedem Haus in ihrer Straße zumindest eine Kleinigkeit einzuprägen. Die blaue Hütte mit dem gebogenen Schornstein, das zweistöckige, aber nur zur Hälfte farbig verputzte Haus. Ob die Maler sich den Arm gebrochen hatten? Hatte sie die Begeisterung für die Farbe verlassen? Das Ziegelsteinhaus, um dessen Vorbau sich im Sommer rosa Weinreben rankten. Vielleicht würde Liyana nie wieder die Kirschbäume oder die Tulpenbeete sehen, oder die grauen Kieselsteine auf dem Gehweg mit dem gerissenen Pflaster.

Als sie noch jünger gewesen war, in der Grundschule, damals, als ihre Arme im Schlaf zu wachsen schienen, kannte sie die Längen- und Breitengrade ihrer Welt. Jetzt zog sie in ein Land, von dem sie wenig kannte, außer den Eisentopf mit Olivenöl, in dem Knoblauchkrümel und Pinienkerne schwammen. Mit der Kelle in der Hand stand Liyanas Mutter vor diesem Eisentopf. So mußte eine Chemikerin im Labor aussehen. Poppy lief dann durch das Haus, streckte die Nase in die Luft und sagte: »Da ist es, das ist mein Land.«

Sie schrieb es in ihre Kladde.

Eine Zeit, kein Ort.

Was genau bedeutete das?

Liyana hatte großen Spaß daran, sich erste Zeilen für Gedichte, Geschichten oder Filme auszudenken.

Seit der vierten Klasse führte sie eine immer größer werdende Liste und las gerne darin,•um herausfinden, ob die Geschichten in ihrem Kopf weitergingen.

Der geheime Kuß wuchs und wurde größer.

Viele Jahre lang hatte niemand ihre Nummer gewählt.

Manchmal ging sie mit ihrer Liste zu Mrs. Lindenwood, ihrer alten Grundschullehrerin, die Geschichtenschreiben liebte. Mrs. Lindenwood machte dann Sternchen hinter den Sätzen, die ihr am besten gefielen. Oder Liyana las sie Poppy vor, nachdem sie das Geschirr vom Abendessen gespült hatten. Sie saßen dann im Garten, er in seinem grünen Lieblingsstuhl aus Metall und trank arabischen Kaffee.

Den Satz mit dem Kuß hatte Liyana ihm nicht vorgelesen.

»Manchmal erinnerst du mich an Sitti, meine Mutter«, sagte er zu ihr.

»Wieso?« Liyana hatte ein kleines Foto von Sitti in ihrem Portemonnaie. Sie stand in einem langen Kleid in ihrem Hauseingang.

»Du machst aus nichts eine Geschichte. Genau wie Sitti. Sie erzählt von einem Knopf und dann wird eine ganze Geschichte daraus. Oder von einem Felsen.«

Liyana schwieg. Sie schnippte nach einem Moskito und dachte darüber nach, wie Leute andere Leute betrachteten. Hielten die anderen Menschen sie für seltsam? Sitti war achtzig, und Poppy hatte erzählt, seine Großmutter hätte bis neunundneunzig gelebt. Was, wenn sich das in ihrer Familie vererben würde?

Liyana und Poppy saßen schweigend nebeneinander im Garten, als ihre Katze Sami vom hölzernen Zaun heruntersprang und ihre Nase ins Gras drückte. Sami würde in Zukunft im Haus ihrer Tante leben, aber Liyana und Rafik machten sich Sorgen, die Tante könnte vergessen, der Katze Futter zu geben. Sie hatten schon überlegt, dem Tier ein Beruhigungsmittel zu geben und es in einem Rucksack verstaut mitzunehmen.

Liyana wandte sich an Poppy. »Erinnerst du dich an das Gedicht, das ich in der zweiten Klasse so gern gehabt hab? Es fängt so an: Ich bin niemand, wer bist du?«

»Nicht so richtig. Aber ich hab nie gedacht, daß du niemand bist.«

»Jetzt bin ich sogar noch mehr ein Niemand als damals.«

»Ach, Habibi, sag das nicht! Du bist alles, was du sein mußt!«

»Poppy, weißt du noch, wie du von deinem zwanzigsten Geburtstag erzählt hast. Der wichtigste Moment in deinem Leben! Ich glaube nicht, daß es ein besonders guter Tag für mich sein wird.«

»Nur keine Sorge. Du bist erst vierzehn. Du hast noch viel Zeit. Damals meinte ich, das sei ein besonderer Tag. Seitdem hat es viel wichtigere Sachen in meinem Leben gegeben. Zum Beispiel der Tag, an dem du geboren wurdest oder Rafik. Und jeder Tag danach! Zwanzig, das war nichts als ein kleines Blink – wenn ich jetzt zurückschaue.«

Liyana schrieb auf, was er gesagt hatte. *Ein kleines Blink – wenn ich jetzt zurückschaue.* Sie machte ihre Kladde zu. Mit einer Echse im Maul kam Sami auf sie zugelaufen.

Grundstücksverkauf

Liyana und Rafik hatten in drei Briefkästen der Nachbarschaft Entschuldigungszettel gesteckt. ›Es tut uns leid, Mrs. Moore, daß wir mehr als einmal ihre Gänseblümchen ausgeliehen haben.‹ ›Es tut uns leid, Lucy Hummer, daß wir dich eine Hexe genannt haben, nachdem Rafiks Ball in deinen Garten geflogen war und du ihn über eine Woche behalten hast, bevor du ihn zurückgabst.‹›Es tut uns leid, Frank, daß wir auf die Windschutzscheibe deines uralten Lieferwagens, dem die Räder fehlen, MONSTER AUS MÜLL geschrieben haben.‹

Ihre Mutter Susan hatte Probleme mit ihrer Mutter, Peachy Helen.

Liyanas und Rafiks Großmutter hatte eine Wohnung in einem Hochhaus am Forest Park. Peachy trug Kleider mit Blumenmuster, legte jede Menge Rouge auf und konnte es nicht ertragen, daß ihre Tochter und ihre Enkelkinder weggingen. Sie war süchtig nach den Geradeaus-der-Schule-gekommen-Telefonaten. Sie war daran gewöhnt, jederzeit zu ihnen kommen zu können, und blieb bei Liyana und Rafik, wenn deren Eltern verreisten. Sie und Liyana gingen samstags oft zum Mittagessen in einen vornehmen Tee-Salon für Damen. Die Kellner brachten ihnen den Wagen mit den Nachspeisen und sie wählten dann ihren Vanillekuchen aus.

Nachdem sie von dem beschlossenen Umzug gehört hatte, weinte Peachy Helen andauernd, sogar mitten im Telefonat mit Liyana legte sie auf, damit die nicht hörte, wie sie heulte. Dies verdüsterte das Leben für Susan, die oft während des Essens vom Tisch aufsprang und überlegte, was noch zu tun sei.

Liyana und Rafik malten ein Schild *Haus mit Einrichtung zu verkaufen,* während ihre Mutter vergilbte Zeitungen stapelte, um sie in die Papiertonne zu werfen.

Aus Liyanas Kassettenrekorder ertönte Cembalomusik. »Das klingt entsetzlich«, sagte Liyana, »so, als würden wir grundsätzlich alles zum Verkauf anbieten!«

Sie machte sich Sorgen: Was, wenn Jackson käme oder ihre Freundinnen und in ihren Sachen wühlten?

Ihre Mutter hatte alles, was verkauft werden sollte, auf geborgten Klapptischen ausgebreitet und drängte Liyana und Rafik, jetzt sofort die Sachen zu packen, die sie mitnehmen wollten. Liyana packte ein rosafarbenes Tagebuch mit Schlüssel, das Scrabble-Spiel, einen Troll mit Glasperlen-Augen, und legte andere Kinderschätze wie das mexikanische Porzellan-Geschirr und die ausgestopften Affen beiseite, damit sie in Kisten verpackt in die vollgestopfte Abstellkammer von Peachy Helen kamen, oder in den Schuppen von einem Freund. Eine kleine Kassette wurde mit diesen und jenen Schätzen gefüllt – Steine, Schmetterlingsflügel, einen aus Holz geschnitzten Frosch –, die Claire als Geschenk bekommen sollte.

Liyana stöberte durch fehlerfreie Diktate und trockenrissige Fingerfarben-Bilder, die in einem Karton unter ihrem Bett überlebt hatten. Sie faltete das bestickte, rote Samtkleid zusammen, das irgendwelche Verwandten vor langer Zeit für sie genäht hatten. Es war mit der Post in einem doppelt verknoteten Paket gekommen. Jetzt ging es zurück zu den Fingern, die es genäht hatten. Ihre Geige wurde sorgfältig poliert und mit dem weißen Tuch um den Hals zärtlich in den Geigenkasten gelegt. Liyana überlegte, ob sie zu den neuen Saiten auch noch Schmiermittel mitnehmen sollte. Es gab so viel, an das man bei einem Umzug denken mußte.

Rafik versuchte, seine alten Zeugnisse wegzuwerfen, aber ihre Mutter erwischte ihn dabei. Wen interessierten jetzt noch die schlechten Noten in Betragen von früher?

Würden sie in einer Kiste für die Abstellkammer landen, fräßen sie die Mäuse. Oder sie würden zu Staub zerfallen!

Rafik quälte sich ausgiebig wegen seiner geliebten Matchbox-Sammlung. Feuerwehrwagen und Notarztfahrzeuge stellte er auf der einen Seite seines Bettes auf, Lieferwagen und Trucks mit beweglichen Türen auf der anderen Seite. Poppy hatte gesagt, er könnte zehn, vielleicht auch zwanzig, mitnehmen. Rafik wurde richtig übel bei der Entscheidung, welche er zurücklassen sollte. Liyana, die mit einem Karton in den Armen durch sein Zimmer lief, überraschte ihn dabei, wie er Autos in seine Socken stopfte.

»Ich kann für dich aussuchen«, bot sie ihm an. Er schüttelte den Kopf, wußte er doch, daß sie eine seltsame Vorliebe für Milchtransporter und Traktoren hatte. Liyana ließ ihn allein und warf den Karton auf ihr Bett.

Poppy steckte den Kopf in Liyanas Zimmer. »Diese Shorts wirst du nicht brauchen«, sagte er. »So was trägt dort niemand.«

»Das stimmt nicht. Ich habe Fotos aus Jerusalem gesehen, und da sind Leute zu sehen, die ganz eindeutig Shorts tragen.«

»Das sind Touristen, vielleicht irgendwelche Pilger. Wir werden im älteren Teil der Stadt sein. Dort sind Shorts unpassend. Glaube mir, arabische Frauen tragen keine Shorts.« Er ging.

In letzter Zeit sprach Poppy immer wieder von arabischen Frauen, und das machte Liyana wütend. »Weder bin ich eine Frau noch ganz Araberin!« Sie knallte ihre Zimmertür zu und wußte, was als nächstes passieren würde. Poppy würde reinkommen, mit den Händen in der Hüfte dastehen und fragen: »Willst du mir etwas sagen?«

Sie rollte sechs Strümpfe zu Bällen zusammen und entdeckte alte Geburtstagskarten in der Schublade. Die mußten jetzt gelesen werden.

Poppy klopfte an ihre Tür.

Liyana öffnete und warf ihre Arme um ihn. »Es tut mir leid, Poppy. Und wenn ich die ganz kurzen Shorts hierlasse? Wenn ich nur die sackartigen, karierten Alte-Männer-Shorts einpacke? Die gehen mir bis zu den Knien.«

Er hob die Schulter und erwiderte ihre Umarmung. »Vielleicht kannst du sie anziehen, wenn wir zum Toten Meer fahren.« Das war ein Meer, so voller Salz, daß man darin wie auf einem Stuhl sitzen konnte.

Liyana schenkte Sandee Lane ihre kurzen Shorts. Sie wohnte am Ende ihrer Straße und war die Freundin, die immer wieder sagte, wie toll sie es fände, daß sie jetzt in der ›Heimatstadt von Jesus‹ leben würden. Doch für Liyana war es die Heimatstadt ihres Vaters.

»Wo kommen all die Leute her?« flüsterte Rafik. Er saß mit Liyana hinter einem Busch im weichen Gras und beobachtete die Leute, die die Auffahrt hochkamen. Glücklicherweise waren keine bekannten Gesichter unter ihnen.

Nach und nach wurden alle möglichen Sachen weggetragen. Als ein Mann Poppys grünen Schubkarren hinter sich herzog, hielt Liyana sich die Hände vor die Augen. »Diesen Schubkarren werde ich vermissen!«

Sie dachte an all die Dinge, die sie nicht einpacken konnte. Sie dachte an Lonnie und Kelly und Barbara, die ihre Lippen mit dem blassen Lippenstift anmalten, weil sie dachten, das würde zum Wechsel auf die nächsthöhere Schule dazugehören. Sie und Claire hielten das für dämlich. »Du Glückliche«, hatte Claire gesagt. »Das Vorspielen fürs Jugendsinfonieorchester bleibt dir erspart.«

»Du Glückliche«, hatte Lonnie gesagt. »In Jerusalem gibt es echt süße Jungs. Ich hab sie in CNN gesehen.«

»Nix Glückliche.« Liyana hatte sich still und leise von der dritten Treppenstufe vor der Schul-Cafeteria, auf der sie bei schönem Wetter gesessen und gegessen hatte, von der Rutsche, auf der sie in der Bibliothek die gelesenen

Bücher gelegt hatte, seit sie fünf war, und den duftenden Piniennadeln der Bäume zwischen ihrem Haus und dem der Ferraris verabschiedet. Unter den Zweigen dieser Bäume hatten Liyana und ihre Freundinnen früher ihre Forts gebaut.

Liyana und Rafik hatten nie herausbekommen, welches Tier in dem Loch neben dem Weg hinten im Garten lebte. Ein Maulwurf war es nicht – Maulwürfe werfen mitten auf dem Rasen große Hügel auf. Wie konnten sie abreisen, solange das Tier sich nicht gezeigt hatte?

Rafik stieß sie an und flüsterte: »Das glaub ich einfach nicht! Sieh dir das an! Da hat jemand gerade mein Dracula-Kostüm gekauft. Das häßlichste Halloween-Kostüm auf der Welt! Ich war ganz sicher, das würden wir nie verkaufen!«

Am Abend wirkte ihr Haus ganz entblößt. Auf den großen Möbelstücken, die die Packer am nächsten Tag abholen würden, hingen rote Zettel mit Namen und Telefonnummern. Das Klavier würde in Zukunft bei Merton, Nummer 555-3232, stehen.

In dieser Nacht spielte Susan Mozart auf dem Klavier, das sie zurücklassen würde. Liyana lag im gleichen Zimmer auf dem Bett. Ihr fiel auf, daß Susans Pferdeschwanz nicht wie sonst sorgfältig zurückgekämmt in der silbernen Klammer steckte. Einzelne Strähnen umrahmten ihr gepflegtes Gesichts.

»Verblüffend!« rief sie Liyana in dem nackten Zimmer zu. »Mozart konnte das schreiben, als er sechs war, und ich habe Schwierigkeiten, es zu spielen, und bin vierzig.«

Einige Passagen konnte Liyana besser spielen als ihre Mutter. Sie stand auf und bemerkte verwirrt die Tränen, die auf den Wangen ihrer Mutter glänzten. Sie legte beide Hände auf die Tasten.

»Du hast eher die Hände deines Vaters«, sagte ihre Mutter immer.

Im Frühling schälte sich die Haut auf Liyanas Händen und Füßen wie die von Poppy, eine gemeinsame genetische Besonderheit. Sie schwitzte auch nicht.

»Warum haben wir das Klavier nicht behalten können?« fragte Liyana. »Du hättest es irgendwo unterstellen können. Hätte Peachy Helen es nicht in ihre Wohnung quetschen können?«

Es gab nur wenige Dinge, an denen Liyanas Mutter hing.

Normalerweise war ihre Mutter bei allem so optimistisch. Liyana und Rafik zogen sie immer damit auf, sie wäre der General der Es-wird-schon-gut-werden-Armee. Positiv denken! Hallo! Vorwärts, los! Liyana meinte, diese Worte würden am Ende auftauchen wie die gute Fee im Märchen. *Such nach dem Silberstreif* war das Lieblingslied ihrer Mutter. Liyana und Rafik mußten es auswendig lernen. Susan erlaubte ihnen nicht einmal Begriffe wie ›schlechtes Wetter‹. In die Zeitung schaute sie erst am Nachmittag, weil sie nicht wollte, daß schlechte Nachrichten die Stimmung des Tages bestimmten. Peachy Helen war ganz anders, sie beugte sich am Küchentisch über die Zeitung und klagte über Entführungen und Hurrikane, als wären das persönliche Erfahrungen. »Ich muß immer an Sarahs Mutter denken«, meinte Peachy einmal.

»Wer ist Sarah?«

»Das Mädchen aus Colorado, das ertrunken ist.«

Ein armer Mensch, den weder Peachy noch die Abbouds jemals kennengelernt hatten.

Ihre Mutter legte eine Hand auf Liyanas. »Geh ins Bett. Du wirst allen Schlaf brauchen, den du kriegen kannst.«

Am letzten Abend in St. Louis gaben die Nachbarn im Vorgarten eine Abschiedsparty für die Abbouds. Über das ›zu verkaufen‹-Schild war ›verkauft‹ geklebt worden. Liyana leckte Vanillesoße von einem Cremetörtchen und starrte die vertrauten, freundlichen Nachbarn in ihrer

Sommerkleidung an. Sie blieben den ganzen Sommer über hier, Liyanas Familie nicht. Sie belauschte alle – Lauschen war ihre Spezialität. Die Gespräche drehten sich um die Sommercamps, Lieblingslehrer, die Öffnungszeiten des nächstgelegenen Schwimmbads. Liyana spürte ihre Sehnsucht nach diesen Dingen.

Sie versuchte, sich daran zu erinnern, welche Gefühle Jacksons Kuß ausgelöst hatten, aber ihre Erinnerung war verschwommen. Sie hätte daran denken sollen, ihn einzuladen. Und wenn er nicht gekommen wäre? Das wäre viel schlimmer gewesen. Am Ende der Party ließ Claire ein kleines samtenes Kästchen in Liyanas Hand gleiten und rannte weinend nach Hause. Unter einem Freundschaftsring steckte ein vielfach zusammengefaltetes Blatt: »Ich werde dich niemals vergessen.«

Zivilisiert

Als die ermatteten Passagiere schließlich in dem riesigen Flugzeug saßen und es von der Rollbahn des JFK-Flughafens abgehoben hatte, preßte Susan Liyanas Hand fest zusammen. »Ach ja«, flüsterte sie und schloß die Augen.

Liyana drückte ihr Gesicht an das Fenster und schaute nach unten. Jedes der kleinen Lichter New Yorks war ein Punkt am Ende eines Satzes. Ein staubartiger silberner Glanz lag über der Stadt, als sie hinter ihnen immer kleiner wurde. Die Maschine sackte durch und zitterte. Liyana war bisher nur die kurzen Strecken nach Kansas City und Chicago geflogen. Noch nie hatte sie den Atlantik überquert.

Nachdem sie ihre Flughöhe erreicht hatten, holte Poppy Kissen und rauhe blaue Decken aus den Fächern über den Sitzen. Die Flugbegleiter liefen durch die Reihen und verteilten Getränke für die Nacht. Rafik hatte bereits seinen Kopf zur Seite gelegt und die Augen geschlossen; sein Mund war leicht geöffnet. Liyana konnte es nicht glauben. Er kann immer schlafen, selbst wenn sich sein Leben mitten in einem stürmischen Himmel total verändert. Liyana könnte jetzt nicht einschlafen. Sie drückte auf den Knopf über ihrem Sitz, und ein scharfer heller Lichtschein fiel auf ihren Schoß. Sie schrieb in ihre Kladde: ›Trinken die Piloten die ganze Nacht durch Kaffee? Dösen sie abwechselnd vor sich hin? Ein neues Kapitel beginnt in der Dunkelheit.‹

Selbst ihre Lehrer waren nett zu ihr geworden, nachdem sie von dem Umzug erfahren hatten. »Warum erzählst du uns nicht, wie es da ist, wohin ihr zieht?« hatte Mr. Hathaway, ihr Geschichtslehrer, in der letzten Schulwoche gefragt. Dabei hatte er etwas gegen sie gehabt, seit Claire ihr während des Unterrichts Zöpfe geflochten hatte. »Klar, wir haben alle schon von Jerusalem gehört – es spielt doch eine wichtige Rolle in der Religionsgeschichte und ist ununterbrochen in den Nachrichten – aber was meinst du, warum fällt es den Leuten dort so schwer, sich zivilisiert zu benehmen?«

Zivilisiert war sein Lieblingswort. Als Mr. Hathaway einmal behauptete, Menschen wären zivilisiert und Tiere nicht, hatte Liyana ihre Hand gehoben.

»Schauen Sie doch nur mal auf die Titelseiten der Zeitungen«, hatte sie gesagt und dabei gegen ihre Nervosität kämpfen müssen. Es war viel schwerer zu reden, wenn die ganze Klasse einen anstarrte. »Was Menschen alles tun: Angreifen, überfallen, Gewalt antun, zerstören, eindringen.«

Er zog eine Augenbraue hoch.

Liyana fuhr fort: »... und das alles auf einer einzigen Seite.«

Später hatte er noch die Idee, sie solle einen Aufsatz über Jerusalem schreiben. Diese Zusatzaufgabe würde ihre Note verbessern. Und als er dann noch verlangte, sie solle ihren Text vor der Klasse vorlesen, mußte sie schlucken. »Das ist eine ganz schön lange Geschichte.« Total verdrehte Worte kamen ihr in den Sinn: *Verschwafeltes Ödland, verworfene Zappler.*

»Frag deinen Vater, mach dir ein paar Notizen«, hatte Mr. Hathaway gesagt. »Benutz einfach deine eigenen Quellen – keine Nachschlagewerke. Da hast du noch mal eine letzte Chance, etwas für deine Note zu tun.«

Jerusalem – ein Teil seiner Geschichte

Die Kinder, die früher in der Altstadt von Jerusalem – das ist der historische Teil der Stadt innerhalb der Stadtmauer – lebten, hatten die Angewohnheit, nach dem Abendessen ihren Nachtisch zu tauschen.

Der eine brachte einen Teller mit Hareesa, dem wunderbaren arabischen Sahne-Weizen-Kuchen, der Nachbarsjunge kam mit den jüdischen Dattelbrötchen, und die griechischen Mädchen brachten Honigbaisers oder Butterkekse mit. Dann wurde alles von allen geteilt.

Mein Vater hat mir erzählt, daß die Kinder sich damals keine großen Gedanken machten, ob jemand Jude oder Araber war. Sie aßen, schliefen, spielten und hatten Ärger in der Schule, fuhren an den Wochenenden per Anhalter nach Bethlehem und hörten wie »die Tritte der Esel auf den Steinplatten der Straßen seltener und seltener wurden, als die Welt sich mit Automobilen füllte.« Dies ist ein wörtliches Zitat.

Aber dann »kochte der Topf auf dem Herd über«. Auch das ist ein wörtliches Zitat meines Vaters. Als die Briten die Macht abgaben, wollten sowohl die Juden als auch die Araber Jerusalem in ihren Besitz nehmen. Jeder sagte, Jerusalem gehöre ihm. Zu viele Länder mischten sich mit Waffen, Truppen und Geld ein.

Später sagte eine jüdische Politikerin namens Golda Meir einmal, es habe nie ein palästinensisches Volk gegeben. Dabei lebten Hunderttausende von ihnen um sie herum.

Mein Vater meinte, die Politiker hätten auch ihre Nachspeisen miteinander teilen sollen. Vielleicht hätte es geholfen. Schon als Kind dachte er: ›Ist es nicht schwachsinnig, nur mit solchen Leuten zusammenleben zu wollen, die wie du selber sind?‹

Gewehre knallten, Steinhäuser wurden in die Luft gejagt. Der beste Freund, den mein Vater damals hatte, wurde von einer Kugel getroffen und starb, während er neben ihm saß. Mein Vater redet nicht darüber; ich habe das von meiner Mutter erfahren.

Im Haus meines Vaters beteten alle für eine friedliche Lösung. Vielleicht taten die jüdischen und christlichen Familien das gleiche.

Eines Nachts, als in ihrer Nähe Kanonenfeuer explodierte, rief Sitti, meine Großmutter, meinem Vater und seinen Brüdern zu: ›Hilfe! Was sollen wir tun?‹

Mein Vater antwortete: ›Ich weiß nicht, was ihr tun sollt, aber ich werde den Kopf unter irgend etwas stecken.‹

Er sagt, er sei einfach nicht am Kämpfen interessiert gewesen. Später bemühte er sich um ein Stipendium, er wollte einfach raus aus dem Dreck. Manchmal hat er immer noch Schuldgefühle, als wäre er vor den Schwierigkeiten einfach davongerannt. Andererseits ist er oft auch froh, hier zu sein, aber immer hat er gehofft, eines Tages zurückzukehren.

In einem zweiten Krieg wurde Jerusalem von jüdischen Soldaten erobert. Sitti hatte während der Kämpfe so große Angst, daß sie zu Verwandten in ein Dorf im Norden flohen. Als sie Wochen später zurückkehrten, war ihr Haus von der israelischen Armee besetzt. Später wurde das von den Israelis eroberte palästinensische Land ›die besetzten Gebiete‹ genannt, weswegen ›besetzt‹ zu einem häßlichen Wort wurde.

Die Familie meines Vaters kehrte zurück in das Dorf und wohnte dort in einem großen alten Haus. Alles, was sie in dem Haus in Jerusalem gehabt hatten, Möbel, Teppiche, Geschirr, war verloren. Die jüdische Verwaltung gab nichts davon heraus.

Ich berichte hier nur, was mir mein Vater erzählt hat.

Andere Palästinenser lebten schon seit dem ersten Krieg zusammengepfercht in Flüchtlingslagern, die es heute noch gibt. Dort hausen sie in kleinen Hütten, weil sie dachten, sie würden nur kurz dort bleiben müssen. Unglücklicherweise stimmte das nicht.

Mein Vater bekam sein Stipendium und konnte Medizin in den Vereinigten Staaten studieren. Seine Familie war nicht glücklich. Sie wollten nicht, daß er wegging. Er versprach, eines Tages wiederzukommen.

Dann traf er meine Mutter. Sie hat ihn hier festgehalten.

Es war hart für ihn, all die Jahre über die Abendnachrichten zu sehen. Manchmal zeigten die Berichte über den Nahen Osten Menschen, die er kannte. Auf der Uni spezialisierte er sich auf die Behandlung alter Menschen.

Erst in letzter Zeit wuchs seine Hoffnung wieder. Für Jerusalem und sein Land. Die Dinge begannen, sich zum Besseren zu wandeln. Die Palästinenser wurden wieder in der Öffentlichkeit gehört. Mein Vater meinte, man sollte doch davon ausgehen, daß die Juden nach der Tragödie, die sie in Europa durchlebt hatten, nicht vergessen würden, was sie selber durchgemacht hatten. Manche erinnerten sich, aber es waren nicht immer die, die an der Macht waren.

Araber und Juden schüttelten sich wieder die Hände, im Weißen Haus und an vielen anderen Orten. Im verborgenen hatten manche nie damit aufgehört. Natürlich glauben manche mehr an den Friedensprozeß als andere. Könnt ihr verstehen, warum irgend jemand da nicht mit dabei ist? Ich nicht.

Als die Lage besser wurde, begann mein Vater, unseren Umzug zu planen. Er will, daß wir unsere Verwandten kennenlernen. Er will in dem Land sein, in dem er aufgewachsen ist, wenn es sich zum besseren wandelt. Sollte daraus nichts werden, können wir immer noch in die Vereinigten Staaten zurückkommen.

Ich stelle mir das wie ein Abenteuer vor. Ich werde euch alle vermissen, vor allem Mr. Hathaways Rätselspiele und Claytons faszinierende Monologe über Mumien. Sollte ich mal eine werden, hoffe ich, ihr werdet mich ausgraben.

P.S. für Mr. Hathaway: Der letzte Teil war nur ein Scherz.

Kumpel

Nachdem ihre Maschine in Tel Aviv gelandet war, sie aber noch auf ihren Plätzen sitzen bleiben mußten, lehnte sich Poppy quer über die Sitzreihen und plapperte so schnell, daß Liyana gar nicht alles mitbekommen und speichern konnte. Nicht einmal die Farbe des Himmels nahm sie wahr.

»Bei der Paßkontrolle überlaßt mir das Reden, klar? Wenn sie unsere Pässe stempeln wollen, sage ich nein. Sie machen den Stempel dann auf ein kleines Stück Papier. Laßt nichts in der Maschine liegen. Schaut euch noch mal um. Habt ihr unter den Sitzen geschaut? Wir werden erst ins Hotel fahren und uns ausruhen, im Dorf rufen wir später an. Meine Familie wird zu uns nach Jerusalem kommen. Sie erwarten nicht, daß wir heute quer durchs Land fahren, um sie im Dorf zu besuchen. Achtet darauf, daß ihr auch alles habt. Hast du die Pistazien eingepackt? Was ist mit dem Buch, das Rafik gelesen hat?«

»Poppy ist nervös«, flüsterte Liyanas Mutter. »Er ist fünf Jahre nicht hier gewesen.«

Er machte auch Liyana nervös. Verschwafeltes Ödland. Es ärgerte ihn, wenn sie närrische Worte aneinanderreihte. Mausefallen-Sahnebonbon-Schlepper. Solche Sachen stellte sie in ihrem Kopf zusammen, wenn sie nervös war. Poppy hatte seinen Verwandten absichtlich nicht gesagt, wann genau sie ankommen würden. »Sie müssen ja nicht am Flughafen auftauchen und eine große Szene machen«, sagte er.

Puderquasten-Erdnüsse. Sie würde brav sein. Sie würde bei den Kontrollen nicht sprechen. Sie würde nicht erklären: ›Ja, ich trage meine schlimmsten amerikanischen Angewohnheiten im Reißverschlußfach meines Koffers und habe vor, sie in Ihren Straßen loszulassen.‹ Da ist auch ein Kuß drin! Ich werde nie davon erzählen!

Die Abbouds wurden von den israelischen Beamten sofort zur Seite gewunken. Sie mußten vor einem Schalter anstehen, der offensichtlich für Störenfriede gedacht war; außer ihnen standen da noch zwei Männer, die wie Zombies aussahen. Andere Passagiere rauschten an ihnen vorbei: schlanke Spanier, irische Nonnen. Die Soldatinnen am Durchgang schienen bösartiger als die Männer zu sein. Sie trugen alle langweilige Khaki-Uniformen, und einige hatten große Gewehre über die Schulter geschwungen.

Poppy hatte gesagt, daß es für Palästinenser, auch US-Palästinenser, oft diese Sonderbehandlung gab, aber einer seiner palästinensischen Freunde war vor kurzem freundlich empfangen worden. Ein israelischer Paßbeamter hatte sogar »Herzlich willkommen zu Hause« zu ihm gesagt. Poppy meinte, es hinge immer davon ab, wie gut oder schlecht die politische Lage gerade sei.

Vor fünf Jahren war Poppy mit seinem Freund Mustafa, einem palästinensisch-amerikanischen Psychiater, hier angekommen, und der Zollbeamte hatte sie ewig aufgehalten, jede Ecke ihrer Koffer durchwühlt und sie so aggressiv befragt, daß Mustafa sich schließlich über den Packtisch lehnte, den Offizier auf die Backe küßte und sagte: »Laß uns einfach Freunde sein, ja?« Der Israeli war von dem Kuß so verblüfft, daß er sie beide ohne weitere Kontrollen gehen ließ. Auf dem Weg nach Jerusalem hatten sie ununterbrochen lachen müssen.

Diesmal wählte der Beamte seine Worte sorgfältig aus. »Warum wollen Sie sich hier niederlassen?« Poppy hatte noch im Flugzeug auf dem Einreise-Formular die Frage nach der Dauer des Aufenthalts mit ›unbegrenzt‹ beantwortet. Dieser Papierkram war so langweilig. Liyana überlegte, daß sie doch viel interessantere Fragen hätten stellen können.

Sie hörte die Erklärung, die ihr Vater mit ungewöhnlich heller Stimme gab: »Rein zufällig bin ich von hier und ich kehre zurück. Auf mich wartet eine Stelle im Krankenhaus. Ich bringe meine Familie mit ihren Verwandten und unserem Land zusammen. Wie Sie feststellen können, habe ich alle notwendigen Formalitäten in der israelischen Botschaft in den Vereinigten Staaten erledigt.« Er ließ einige Münzen in seiner Tasche klingeln. Liyana sorgte sich um ihn. Er machte das nur, wenn er aufgeregt war.

Die Zollbeamten durchsuchten ihre Koffer und Rucksäcke besonders sorgfältig. Sie hoben jede einzelne Sache hoch in die Luft und betrachteten sie. Die leeren Gepäckstücke wurden auf einem Karren davongefahren, um durchleuchtet zu werden. Danach wurde alles wieder in die Koffer gepackt, aber durcheinander wie Kraut und Rüben. Dabei fielen Liyanas alte geblümte Unterhosen auf den Boden, und sie sammelte sie verschämt wieder ein. Die Beamten waren nicht besonders vorsichtig, als sie ihre Geige untersuchten. Sie schauten durch das Klangloch und schüttelten das Instrument heftig. Dabei unterhielten sie sich in schnellem Hebräisch.

Rafik versuchte, seine Uhr nach der riesigen Uhr an der Wand zu stellen. Er sagte – und dies zu laut: »Der Flughafen ist häßlich.« Seine Mutter machte Zeichen, er solle schweigen. Jetzt kamen noch drei zusätzliche, streng blickende Beamte dazu. Dachten sie, Liyanas Familie würde hier anfangen zu randalieren? Die Beamten sahen aus, als wollten sie die kleine Gruppe angreifen, und zwar eher jetzt als später. Liyana spürte einen Knoten im Magen.

Wahrscheinlich hatte ihr Vater sie gebeten zu schweigen, weil es ungewohnt für sie war, das Land Israel zu nennen. Warum? Poppy hatte das Land immer nur Palästina genannt. Wieso auch nicht? In den ersten Jahren war es von den Engländern verwaltet und von allen Palästina genannt worden, und auch jetzt wurde es von den meisten Arabern so genannt. Poppy hatte sicher Angst, seine Familie könnte bei der Einreise einen Fehler machen.

Im Flugzeug, irgendwo über dem Mittelmeer, hatte Liyana Rafik zugeflüstert: »Wie schade, daß man nicht von Anfang an irgendeinen blöden Mischmasch zusammengestellt hat. Is-Pal oder Pal-Is hätte doch alle glücklich gemacht.«

Rafik sagte nur: »Häh?«

Und Liyana: »Aber kaum einer dort ist ein Kum-Pel.«

»Spinnst du?«

»Und Pal-Is klingt viel zu sehr nach Palast – und sie haben noch nicht mal einen König dort. Glaubst du, daß es ihnen mit Königen besser ginge?«

Später, als der Beamte bei der Paßkontrolle auf Rafik zeigte und Liyana mürrisch fragte: »Ist das dein Bruder?«, als wäre er ein Fremder, den sie gerade eben in der Luft aufgegabelt hatte, war sie bereit zu sagen: »Er ist mein Kumpel.« Poppy drehte sich besorgt nach ihnen um, als sie beide zu kichern anfingen.

Der Beamten seufzte. Er konnte keinen Grund finden, sie noch länger aufzuhalten. Er gab Poppy die Pässe zurück. »Sie dürfen weitergehen.«

Willkommen

Sie waren in ihrem Hotel in Jerusalem angekommen. Liyana hockte auf der tief gepolsterten Couch und starrte auf ihren blauen Paß. Vorname, Name, Nationalität, Geburtsdatum ... Sie drehte den Paß um und ihr Bild stand auf dem Kopf. An dem Tag, als es gemacht wurde, hatte sie ihr dunkles Haar geflochten. Jetzt wünschte sie, sie hatte es nicht gemacht. Ein Zopf war länger als der andere. Sie meinte auch, ihre großen Augen würden zu hoffnungsvoll schauen, wie die Augen eines Hunds.

Rafik kam mit zwei Gläsern frisch gepreßter Limonade in das Zimmer. Ein langes, kariertes Hemd hing ihm aus der Hose. »Du hättest das da unten sehen sollen«, plapperte er aufgeregt. »Draußen, direkt bei dem Hintereingang des Hotels, ist ein richtiges lebendes Schaf angebunden! Ich habe seinen Kopf angefaßt und es hat ›määhmääh‹ gemacht. Dann sah ich einen Stein im Boden, in den geheimnisvolle Zeichen geschnitzt sind. Es sah wie ein Code aus! Gab es die Straße schon, als Jesus hier war?«

»Dummschwätzer!« sagte Liyana. Dann tranken sie die Limonade, jeder mit drei großen Schlucken.

Sie warteten darauf, daß Sitti mit der Familie aufkreuzte. Poppy hatte seine Reisetasche ausgepackt und versprühte Eau de Cologne. Er kämmte sein dichtes Haar aus der Stirn und starrte in einen Spiegel, vielleicht das erste Mal seit Wochen. Dann drehte er sich zu ihnen um und legte seine Hände ineinander. Er begann zu reden – und er redete wie ein Wasserfall.

»Vergeßt nicht, Sitti kommt aus einer anderen Welt. Sie ist sehr – rustikal. Sie trägt altmodische lange Kleider, und das war schon immer so. Sie kann euch seltsam vorkommen. Ihr werdet sie nicht verstehen. Ich werde übersetzen, was ihr braucht, weil sie überhaupt kein Englisch kann.«

Liyana unterbrach ihn. »So wenig, wie wir Arabisch.« Ihre Mutter bedeutete ihr, still zu sein.

Aber Poppy setzte unbeeindruckt von dem, was Liyana gesagt hatte, seinen Redeschwall fort. »Sie werden uns drängen, daß wir gleich mit ihnen ins Dorf kommen und dort mit ihnen essen, aber seht mal, das sind achtundzwanzig Meilen in jede Richtung, und jetzt ist es schon vier Uhr nachmittags. Ich werde sagen, daß ihr müde seid von dem langen Flug. In Ordnung? Sollten wir in das Dorf fahren, würden hundert Leute in das Haus drängen, um uns zu sehen. Das ist mir zuviel. Sonst ist alles in Ordnung?«

»Es war alles in Ordnung«, meinte Liyana. »Und dann hast du angefangen, uns nervös zu machen!« Und Rafik flüsterte sie zu: »Glaubst du, sie werden uns gern haben? Und glaubst du, wir werden sie gern haben?«

Rafik lag auf dem Bett und seufzte zufrieden. »Hast du schon diese Kissen ausprobiert?« fragte er. »Das sind die dicksten Kissen auf der Welt.«

Liyana legte sich auf das Bett neben ihm. Ihr Kopf versank in den weichen Federn und sie meinte: »Du hast recht.« Dann stand sie auf, zog die blaue Kordhose aus und ihren schwarzen Faltenrock an. Wie wundersam, dachte sie, da steigen Leute in ein Flugzeug, steigen aus und sind in einer ganz anderen Welt gelandet.

Nachdem Poppy vielleicht zwanzigmal wegen irgendwelcher Taxen, die hupend und mit quietschenden Reifen am Hotel vorbeischlidderten, aus dem Fenster geschaut hatte, Mom ihre Haare gekämmt und wieder gekämmt hatte und noch eine Spur roten Lippenstifts aufgelegt hatte, war ihr Begrüßungskomitee schließlich angekommen. Ihr ununterbrochenes Geplapper kündigte sie an. Poppy lief aus dem Zimmer, um sie zu begrüßen.

Dann brach eine riesige Welle über sie herein, die Verwandten überfluteten das Zimmer. Sie liefen auf und ab, umarmten alle und sich gegenseitig, kniffen in die Backen und redeten und redeten. Sie rochen nach Rauch, aber nicht nach Zigaretten, sondern nach dem Rauch, der bei einem Lagerfeuer in die Kleidung dringt und dort haften bleibt, auch wenn das Feuer schon erloschen ist.

Sie waren wirklich ganz anders als alle Verwandten in den Vereinigten Staaten. Dort hielt ihre gesamte Verwandtschaft (mit Ausnahme von Peachy Helen, die immer herzlich und nah war) auf höfliche Distanz, so als hätten sie Fieber. Onkel Leo hatte Liyana noch nie in den Arm genommen. Er schüttelte ihr die Hand wie ein Versicherungsvertreter. Tante Margaret redete ganz förmlich mit den Kindern über unverfängliche Dinge. ›Genießt ihr den Sommer? Habt ihr nette Freunde?‹

Aber diese Tanten und Onkel waren ununterbrochen in Bewegung, während ihre Großmutter Sitti die kräftigen Arme nacheinander um jeden von ihnen schlang und sie so heftig drückte, daß Liyana der Atem wegblieb. »Sie gibt dir ihren Segen«, flüsterte Poppy.

Liyana verspürte den Wunsch, ganz nah bei Poppy zu bleiben, zum Schutz und auch der Übersetzung wegen, damit sie gleich mitbekam, was gesagt wurde. Die Tränen liefen an Sittis runzligen Wangen runter. Plötzlich warf sie den Kopf zurück, rollte ihr Zunge hinten im Mund zusammen und begann wie wild zu trillern. Liyana hatte so etwas noch nie gehört. Tante Saba und Tante Amal begannen rhythmisch in die Hände zu klatschen. Mom schaute verwirrt. Rafik zog die Augenbrauen in die Höhe.

Poppy schüttelte den Kopf und fuchtelte mit beiden Händen vor Sittis Gesicht, um sie zum Schweigen zu bringen. »Das ist Tradition bei ihr«, erklärte er. »Das ist ihre Art, etwas anzukündigen, eine Hochzeit – oder eine Beerdigung.«

»Und worum geht es jetzt?« fragte Liyana.

Poppy sprach rasch auf arabisch mit Sitti, aber sie hörte nicht auf. Sie trillerte und trillerte. Dabei ließ sie ihre Arme in der Luft vibrieren wie ein Missionar auf Predigertour. Die Rückseite ihrer Hände waren mit dunkelblauen Zeichnungen fliegender Vögel tätowiert. Liyana sagte: »Poppy! Du hast uns nie gesagt, daß sie Tattoos hat!«

»Ich wollte euch nicht auf dumme Gedanken bringen«, antwortete Poppy.

»Mit einem Adler könnte ich mich auch anfreunden«, meinte Rafik.

Sitti zog Poppys Gesicht ganz nah zu sich heran und begann, ihn auf beide Backen zu küssen. Liyana gefiel das. Zwei Küsse schienen besser als einer.

Liyana wurde von so vielen Menschen geküßt, daß ihr unklar blieb, wer wer war, auch wenn Poppy sich alle Mühe gab, seiner Familie die Tanten, Onkel, Cousins und Ehefrauen der Cousins vorzustellen. Für eine Frau nannte er gleich zwei Namen und alle lachten. Nur Liyana nicht. Sie nickte und versuchte, die Küsse zu erwidern. Nicht immer erwischte sie dabei die Backen, bei Tante Lena traf sie den Schal und kam sich ziemlich dämlich vor. Trotzdem, nach dem langen Flug war es schön, so begeistert empfangen zu werden. Zumindest wußte Liyana, daß sie an ihrem Ziel waren.

Die langen Kleider der Frauen waren aus dicken Stoffen, violett, golden und dunkelblau, hell bestickt mit wunderschönen Mustern. Tante Lena hatte breite, regenbogenfarbene Leinenbänder um die Handgelenke, und alle Frauen trugen goldene Armringe. Die älteren hatten weiße Kopftücher um den Kopf geschlungen, während die jüngeren ihr Haar offen trugen, worüber Liyana sehr erleichtert war.

An den Füßen trugen sie pastellfarbene Plastikslipper, die neben den altmodischen Kleidern eher seltsam wirkten. Tante Saba berührte Liyanas blau-gelbe Kinderuhr, die kleine Köpfe an den Enden der Zeiger hatte. Sie beugte den Kopf vor, um besser sehen zu können, und lachte. Die Frauen berührten sogar Liyanas Ohrläppchen. Sie waren nackt, im Unterschied zu ihnen trug sie keine goldenen Ohrringe. Liyana störte das ganze Treiben nicht. Sie mochte diese Neugier und kam sich nicht wie ein Vorzeigestück vor. Die Männer waren langweilig gekleidet, sie trugen graue oder schwarze Anzüge und gestreifte Krawatten. Liyana fragte sich, wie die Männer zu dieser Einheitskleidung gekommen waren. Manchmal betrachtete sie in Lexika ›Eingeborenen-Kleidung‹. Anderswo, in Sambia oder in Timbuktu wußten die Männer, wie man sich kleidete. Früher trugen die arabischen Männer lange fließende Roben und Umhänge mit goldenen Rändern, aber auch in ihren Schränken hatten sich die Anzüge breitgemacht. Poppy hatte zu Liyana gemeint, die elegante Kleidung der Männer aus Saudi Arabien und den Arabischen Emiraten würde ihr sehr gefallen.

Zwei ältere Onkel, Zaki und Daoud, trugen die schwarz-weißen Kaffijas auf den Köpfen und wirkten gleich interessanter. Liyana mochte ihre wettergegerbten Gesichter sofort.

Rafik zupfte sie am Ellbogen. Er flüsterte: »Dann heißt er wohl Daoud Abboud?«

Liyana antwortete: »Ich glaube, er ist mit einer der Tanten verheiratet. Dann hat er einen anderen Familiennamen. Wir kümmern uns aber jetzt nicht weiter darum. Mein Kopf dreht sich auch so schon.«

Poppy übersetzte, als Tante Amal erzählte, wie schlimm es am israelischen Kontrollpunkt gewesen war, als sie nach Jerusalem hereinkamen. Ihr Gesicht wirkte immer noch verängstigt. Alle vier Taxen mit den Familienmitgliedern waren angehalten worden. Sie mußten die Sondergenehmigungen zeigen, die sie sich zwei Tage vorher besorgt hatten. Der israelische Soldat brüllte sie an und machte ihnen angst. Er hatte ein Gewehr. Er warf Onkel Daouds

Paß auf den Boden, weil er leicht geknickt war, und zwang den Onkel, auszusteigen und ihn aufzuheben. Als er mit der Kontrolle der Pässe fertig war, meinte Sitti »Haut ab!« verstanden zu haben.

Liyana bemerkte die Besorgnis im Gesicht ihrer Mutter, als Poppy übersetzte. Sie fuhr mit den Fingern über Sittis Arm. »Was ist?« fragte Liyana. »Woran denkst du?«

»Ich dachte, es wäre besser geworden«, antwortete Susan.

»Nein. Sie erzählen, daß jeden zweiten Tag die Bestimmungen geändert werden«, sagte Poppy. »Sie würden eigentlich gar nicht mehr in die Stadt kommen.«

Rafik sagte: »Ich glaube, jetzt hat mich derselbe Mensch zum zweiten Mal geküßt.«

Poppy rieb die Hände ineinander. »Ich denke, wir sollten jetzt nach unten gehen und etwas trinken, Tee oder Kaffee.« Liyana wußte, er wollte die Spannung lösen, aber statt einfach in die Lobby zu gehen, begannen alle miteinander zu diskutieren. »Sie sind Hotels nicht gewöhnt«, erklärte Poppy.

Sitti hatte an diesem Tag zum ersten Mal einen Fahrstuhl betreten. Sonst bestand sie in mehrstöckigen Gebäuden immer darauf, die Treppen zu benutzen. Sitti meinte, kleine Kästen wären für tote Menschen. Auch heute wollte sie nicht in den Fahrstuhl, und man hatte sie hineinzerren müssen.

Liyana merkte, wie die Frauen ihre Mutter genau beobachteten. Susan war etwa drei Zentimeter größer als Poppy, und ihre Haut war deutlich heller. Liyana und Rafik hatten Poppys olivfarbene Haut geerbt. Hielten sie ihre Mutter für hübsch? Ihr langes Haar schien ihnen zu gefallen. Die Frauen ohne Kopftuch hatten auch alle lange Haare, geflochten oder zusammengeknotet. Liyana vermutete, daß auch die Haare unter den Kopftüchern lang waren. Die Frauen hier fragten sich doch bestimmt, was das für eine Frau war, die einen Mann so lange aus seinem eigenen Land hatte fernhalten können. Sie mußten doch Susan gegenüber sehr gemischte Empfindungen haben.

Liyanas Mutter lächelte ihren Gästen die ganze Zeit über zu, legte wie selbstverständlich ihre Hand auf fremde Hände, wie bei dem Kinderspiel, bei dem die unterste Hand herausgezogen wird. Jenseits des Fensters kurvten die hupenden Autos und Lastwagen von Jerusalem, Bremsen kreischten und Bordsteine wurden geschrammt. Rafik, der neben ihr aus dem Fenster schaute, meinte: »Ist dir aufgefallen, wie viele alte Mercedes-Benz es hier gibt?«

In ihrem Hirn wirbelten die Namen durcheinander, Lena, Saha, Leila, alle endeten mit einem a, wie ihrer. Würde sie die je auseinanderhalten können?

Plötzlich, während alle dabei waren, die Zimmer zu verlassen, übergab sich Rafik auf den Boden.

Mrs. Abboud rannte ins Bad, um etwas zum Aufwischen zu holen. Aber die Handtücher waren so dünn und winzig, daß sie sie in die Luft warf, als sie wiederkam. Und die Badetücher? Schrecklich. »Liyana«, fauchte sie, »beweg dich! Hilf!«

Poppy durchbrach die allgemeine Erstarrung, indem er mit den Händen wedelnd alle in den Flur dirigierte. Immer, wenn er sah, wie sich jemand erbrach, wurde ihm selber ganz schlecht.

Rafik stolperte ins Bad. Liyana folgte ihm und fragte: »Bist du krank?«

»Nein, Dumm-Dumm, so sagen wir Hallo in meiner Sprache. Stimmt's?«

Susan läutete Sturm an der Rezeption und wollte einen Mop haben; aber der Angestellte brachte stattdessen einen Besen. Dann lief er nach nassen Tüchern. Liyana saß mit Rafik auf dem Rand der Badewanne und dachte – zu seinem Entsetzen – laut über die Bestandteile der letzten drei Mahlzeiten nach, die sie gegessen hatten. »Kann es von der Gurke im Flugzeug kommen? Oder von der Tomatenscheibe auf deinem Brot?«

»Kannst du bitte, bitte, den Mund halten.«

Als er sich nicht mehr übergeben mußte und anfing, schwach zu lächeln und Witze zu reißen, gab Susan ihm Tabletten aus ihrem Medizinköfferchen und forderte ihn auf, sich hinzulegen und sich zu entspannen. Dann bat sie Liyana, bei ihm zu bleiben, und ging nach unten zu der Familie.

Liyana lag auf dem Doppelbett und murmelte träge vor sich hin: »Eine Kartoffel, zwei Kartoffeln, drei Kartoffeln, vier Kartoffeln …«

Rafik meinte nur: »Hat dir schon mal jemand gesagt, wie gemein du bist?«

Das erste zuletzt

Rafik schlief sofort auf der weißen Bettdecke ein. Liyana schloß ihre Augen und fiel in eine frostige Welt. Sie träumte, sie stand auf dem steilsten Hügel im Forest Park, St. Louis, gegenüber dem Kunstmuseum. Es war früher Morgen, Neuschnee, und außer ihr war noch niemand herausgekommen.

Sie hielt ihren Holzschlitten an der Schnur und versuchte, sich zu entscheiden. Sollte sie auf den Schlitten springen und den Abhang runterrauschen? Nicht so einfach, wenn die Kufen deines Schlittens die ersten sind, die Spuren auf dem Schnee hinterlassen. Besser, jemand anderem hinterherschauen, sonst weiß man nicht, wie schnell die Fahrt wird.

Das Pferdestandbild war mit Frost überzogen wie ein glasierter Keks. Nackte Bäume reckten ihre knochigen Arme in den Himmel. Unterhalb des Hügels glitzerte der zugefrorene See im Licht. Liyana trug den braunen Mantel, der ihr schon Jahre nicht mehr paßte. Die ganze Zeit über hatte sie ihn hinten im Schrank aufbewahrt, und als ihn jemand bei ihrer Verkaufsaktion mitnahm, war sie traurig gewesen, ihn für immer zu verlieren. An den Händen hatte sie türkisfarbene Handschuhe, die durch ein Band miteinander verbunden waren.

Wie alt war sie in diesem Traum? Drei? Sie biß sich heftig auf die Lippen, wie sie es immer getan hatte, wenn sie sich entscheiden mußte.

Obwohl sie geglaubt hatte, alleine im Schnee zu sein, schubste sie jemand plötzlich von hinten, und sie fiel auf den Schlitten, schrie auf und rutschte auf dem Bauch den Abhang hinunter. Wer hatte das getan? Rafik? Aber Rafik muß damals noch ein Baby gewesen sein. Der Schlitten schnellte in die Höhe, er wurde zum Raumschiff, ein betäubendes Fluchtgerät. Sie konnte es nicht eine Minute lang steuern. Die Schnur flog hinter ihr davon. Was, wenn sie in den See krachte? Was, wenn das Eis brach? Sie schrie auf und schloß ihre Augen. Als sie sie wieder öffnete, war Rafik über sie gebeugt. Sie war wieder im wirklichen Leben. Er fragte besorgt: »Geht es dir gut? Oder bist du auch dabei, verrückt zu werden?«

»Was meinst du mit *auch?«* Nach dem kurzen, lebhaften Schlaf schien ihre Zunge ganz dick zu sein. »Wer wird denn sonst noch verrückt? Weißt du, was ich geträumt habe? Erinnerst du dich an den Hügel vor dem Museum?« Sie erzählte ihm ihren Traum.

Rafik interessierte vor allem, wer sie gestoßen hatte. War es das Pferdestandbild gewesen, das, sich plötzlich aufbäumend, seinen Standort verlassen und sie getreten hatte?

Er gähnte. Dann sagte er: »Komisch, ich fühle mich immer noch wie ich selbst, wenn du weißt, was ich meine. Ich dachte, ich komme auf der anderen Seite der Erde an und fühle mich wie jemand anderer.«

In das Dorf

Trotz Rafiks angegriffener Gesundheit hatten ihre Verwandten Poppy dazu überredet, schon am ersten Abend mit ihnen in das Dorf zu fahren. Sie hat ihnen unten in der Halle bearbeitet. ›Das Essen ist fertig. Ihr müßt kommen. Das Lamm ist euch zu Ehren geschlachtet worden.‹

Geheimnisvollerweise wurde alles entschieden, ohne daß jemand wirklich ja oder nein sagte. Sie versammelten sich alle ganz aufgeregt vor dem Hotel, um eine ganze Schar von Taxis herbeizuwinken und nach Norden aufzubrechen. Sitti fuhr in einem Wagen mit den Abbouds. Sie saß Körper an Körper mit Poppy zusammengequetscht auf dem Beifahrersitz. Sitti plapperte und tätschelte ihn. Es war das erste Mal, daß Liyana ihren Vater als Sohn erlebte. Liyana, Rafik und ihre Mutter saßen hinten.

Das Taxi schlingerte wie wild um eine Kurve und tuckerte dann langsam auf der Straße nach Ramallah gen Norden. Poppy erklärte immer wieder, wo sie gerade vorbeifuhren. In diesem Garten haben wir gefeiert, als ich mit der Schule fertig war. Wir haben überall rote Laternen aufgehängt. Da ist der Laden von Abdul Rahman, dem Schuhmacher. Seit meiner Geburt hämmert der da drin auf Sohlen herum.

Vor Liyanas Augen gingen die Bilder ineinander über, da waren Steinhäuser, dort Fernsehantennen, dann Metallgitter vor Fenstern ohne Scheiben, hier flatterten weiße Tücher und bunte Wäsche auf flachen Hausdächern oder zwischen den Häusern, überall standen Straßenschilder in Arabisch, Hebräisch und Englisch, und die Busse, die sie überholten, waren vollgepackt.

Rafik war mit dem Kopf auf dem Sitz eingeschlafen. Liyana hätte ihn am liebsten gezwickt, um ihn aufzuwecken.

»Es ist nicht so, wie ich es mir vorgestellt habe«, sagte Susan. »Und du?«

Liyana antwortete sanft. »Nie ist etwas so, wie ich es mir vorgestellt habe.«

Hatte sie erwartet, über Jerusalem würde ein Heiligenschein schweben? Was sie aber sicher nicht erwartet hatte, war Dieselgestank. Sie kamen an dem Kontrollpunkt des Militärs vorbei, der von orangegestreiften Betonblöcken eingegrenzt war. Dann waren sie in Ramallah, einer lebhaften arabischen Stadt, in der alle mit großen Einkaufsnetzen rumliefen. Ein Mann, der ein Tablett mit flachen, hoch aufgestapelten Broten trug, grinste Liyana an, als ihre Augen sich trafen.

Hinter der Stadt begann die ländliche West Bank mit Obstgärten und winzigen Dörfern voller Minaretts und gedrungener Häuser. Liyana sagte »Hier ist es toll!« und atmete tief. In ihrem Kopf war auch ›Hier ist es komisch‹, aber sie suchte nach dem Silberstreif am Horizont. Das staubige Grün der Olivenbäume, die in terrassenförmigen Reihen die Hügel hinauf gepflanzt waren, die Mauern aus sorgsam aufeinandergestapelten Steinen, die alten Brunnen, auf denen Holzeimer standen ... Uralte Männer mit weißen Tüchern auf dem Kopf stützten sich auf ihre Stöcke und unterhielten sich in Zeitlupe, während die Taxikolonne, die jetzt schneller fuhr, an ihnen vorbei in eine andere Dimension flog.

Während die Wagen den steilen Hügel zu dem Dorf emporkletterten, kamen Kinder aus den Hauseingängen gehüpft, um ihnen nachzuschauen, als würden nicht sehr häufig Autos an ihnen vorbeifahren.

Rafik war wach geworden und saß kerzengerade. Liyana sagte: »Wir sind auf dem Mond.« Alle Häuser waren aus gelben oder weißen groben Steinen gebaut.

Sobald sie die Wagen verlassen hatten, umringten sie weitere Verwandte und küßten sie auf die Backen. Liyanas Gesicht fühlte sich rohgerieben an. Ein bärtiger Mann im langen Umhang, den Poppy als Tayeb, den Dorfältesten, vorstellte, schoß mit einem Gewehr in die Luft, wie bei einem militärischen Salut. Poppy bat ihn aufzuhören. Was, wenn die Kugeln auf ihren Köpfen landeten?

In Sittis gewölbeartigem Hauptraum lagen geblümte Baumwollmatratzen im Kreis ausgerichtet auf dem Boden. Liyana saß zwischen Rafik und ihrer schüchternen Cousine Dina, die sie ununterbrochen anlächelte. Über ihnen an der Wand hing ein altes Bild von Poppy, aufgenommen, bevor er nach Amerika gegangen war. Es hing ganz schief, und Liyana hätte am liebsten einen Besenstiel genommen und es gerade gehängt.

»Hier sind wir!« sagte Poppy immer wieder auf englisch, dann auf arabisch, als wäre er Fernseh-Moderator. Ein seltsamer Gedanke kam Liyana: Sie waren hier, aber keiner kannte sie wirklich, keiner wußte, was sie mochte, wer ihre Freunde gewesen waren oder wie komisch sie sein konnte. Sie mußte ganz von vorne anfangen.

Poppy und Mom – die jetzt von allen Soo-San genannt wurde – begannen an alle Geschenke zu verteilen. Sie übergaben Kästchen mit herzförmiger Seife, fellbelegte Pantoffeln, cremige rosa Lotion, feine Handtücher, glänzende Krawatten für die Männer und Schokolade, was Liyana überraschte, denn zu Hause hatten sie kaum Schokolade gegessen. Mom war vor ihrer Abreise in St. Louis herumgelaufen, um diese Sachen einzukaufen.

Alle sahen sehr zufrieden aus und zeigten den anderen, was sie bekommen hatten. Liyana holte zehn paar Ohrringe hervor, die sie für jeweils einen Dollar für jede der Cousinen gekauft hatte. Erstaunlicherweise hatte Dina Tränen in den Augen, als sie ihr Paar auswählte. Rafik bot den Jungen – widerstrebend, wie Liyana meinte – Päckchen mit kleinen Autos an.

Dann wartete die ganze Familie auf das Essen. Wie Liyana noch herausbekommen sollte, war das die Lieblingsbeschäftigung hier – im Kreis sitzen und reden und reden und reden und einander beobachten. Als Cousin Fayed mit seiner Familie die Köpfe durch die Tür steckte oder Tante Muna und Cousin Fauzi grüßend und mit einem Korb voller Orangen hereinkamen, standen alle auf, umarmten sich, küßten und tätschelten einander und schrien – das Ritual hatte von neuem begonnen.

»Ich glaube, ich werde noch hypnotisiert«, sagte Rafik.

Dann trug Tante Saba – dieser Name, so erklärte Poppy, bedeutet früher Morgen – ein Messingtablett voller Gläser mit dampfendem, modrig riechenden Tee – *maramia* – herein, der aus einem Kraut gemacht war, das gut für den Magen sein sollte. Rafik trank fünf Gläser leer. Zu Hause hatte er ganz alleine eine volle Flasche mit Preiselbeersaft auf einmal leertrinken können.

Der Lebensmittelhändler tauchte ebenso auf wie der Postmeister und der Rektor der Dorfschule, wie der Nachbar Abu Mahmoud, der die berühmten grünen Bohnen anpflanzte, und alle ihre Ehefrauen und Babys und älteren Kinder und Katzen.

Aber diese Besucher gingen wieder, als das Essen auf riesigen Tabletts gebracht wurde. In der Mitte lagen gebratene Lammstücke, außen Reis und Pinienkerne. Die Familienmitglieder beugten sich darüber, um sich mit ihren Gabeln zu bedienen. Poppy bat darum, daß sie jeweils einen eigenen Teller bekamen.

Tante Amal brachte ihnen vier Teller unterschiedlicher Größen und Farben. Liyanas war blau und hatte einen Sprung. Ihre Tante schaute besorgt, als würde sie ihn nicht haben wollen. Liyana aß einen Berg voll Reis, Zwiebeln und bruzzelnde Pinienkerne, hielt sich aber vom Lamm fern.

Sitti drängte sie immer wieder und Poppy mußte übersetzen: »Eß das Lamm!« Sie meinte, Liyana würde es brauchen. Poppy erklärte ihr, Liyana wäre eine schlechte Esserin – natürlich eine große Lüge, aber passend für den Augenblick. Rafik trank flüssigen Joghurt, eine seiner zweitausend Lieblingsspeisen. »Mir geht es besser«, flüsterte er Liyana zu. »Ich erhole mich schon. Sag, wer ist der Kerl, und warum wedelt er mit den Bällen vor meinem Gesicht?«

Rafik und der lebhafte Cousin Muhammed gingen in Sittis Hof und spielten im Licht der einzigen Glühbirne mit den Bällen. Liyana war auf einmal zu müde, um mit ihnen zu kommen. Sitti fragte Poppy über Liyana aus. Hin und wieder tauchte in der arabischen Unterhaltung ihr Name auf, wie ein winziges Fenster, aber sie konnte nicht hindurchsehen. Und außerdem schauten beide in ihre Richtung. Sie hatte das Gefühl, sie könnte jetzt die Augen schließen und zwei Tage lang schlafen. Selbst die Armbanduhr lastete schwer auf ihrem Gelenk. Es war zehn Uhr abends. Sie hatte die Uhr nicht mehr ausgezogen, seit sie Missouri verlassen hatten – wie viele Zeitzonen hatten sie bis jetzt überquert?

Liyana versuchte höflich zu allen zu sein, lächelte und beugte den Kopf zur Seite, so daß man nicht erkennen konnte, ob sie ja oder nein sagte. Wie lange würde es wohl dauern, bis die anderen sie wirklich kennen würden?

In den Dorfstraßen hallten die Stimmen von den Wänden wider. Sie erhoben sich in den Nachthimmel wie Papierdrachen, wogten auf und ab und verschwanden. Ein Muezzin rief von der nahen Moschee über Lautsprecher zum letzten Gebet des Tages, und alle Verwandten erhoben sich gleichzeitig und wandten Liyanas Familie den Rücken zu. Sie holten kleine blaue Gebetsteppiche aus einem Regal und rollten sie auf, knieten sich hin, standen auf und knieten wieder, berührten den Boden mit der Stirn, sagten mit leiser Stimme ihre Gebete. Es kümmerte sie nicht, daß Liyanas Familie dasaß und sie anstarrte. Als sie fertig waren, rollten sie die Teppiche zusammen und kehrten in den Kreis zurück.

»Poppy«, flüsterte Liyana und berührte dabei seine Hand, »hast du auch schon mal so gebetet wie sie jetzt?«

»Immer – in meinem Herzen.«

Sitti erzählte Poppy, dieses Jahr würde sie ganz sicher nach Mekka pilgern, vor allem, wenn er ihr das Geld für die Busfahrt gab. Tajeb, der Dorfälteste, bat um Geld für eine Dusche in seinem neuen Badezimmer und Onkel Hamza meinte, er könne einen neuen Herd wirklich gut gebrauchen. Plötzlich baten sie alle um irgend etwas, wobei sich ihre Stimmen ineinander mischten, während Poppy übersetzte. Ihm wurde es immer unangenehmer und unangenehmer. Er wandte sich an seine Frau und meinte: »Wenn sie anfangen, über Geld zu reden, ist es Zeit, sich auf den Weg zu machen.«

Er stand auf und erklärte, sie seien so erschöpft, daß ihnen bald die Köpfe abfallen würden, und sie müßten sofort zurück nach Jerusalem in ihr Hotel. Daraufhin erhob sich lautstarkes Gezeter, weil die älteren Verwandten der Ansicht waren, sie sollten bei ihrer Familie im Dorf und nicht in einem Hotel schlafen. Liyana hatte das Gefühl, das Gewicht von Jahrhunderten würde sie zu einem kleinen Ball zusammenpressen. Sie war todmüde und mußte ausgiebig gähnen.

Sitti stand neben Liyana. Sie waren exakt gleich groß. Sitti nahm die beiden Hände von Liyana in die ihren. Sie sagte, und Poppy übersetzte es: »Ich hoffe, du wirst morgen zurückkommen und viele Tage bleiben.« Sitti meinte, sie würden ihr beibringen, wie man näht und Linsen pflückt, Oliven einlegt, Wasserkrüge auf dem Kopf trägt und Arabisch spricht. Poppy sagte noch: »Außerdem wird sie dir beibringen, wie das Wetter vorherzusagen, indem du dich aufs Dach stellst, den Finger in den Mund nimmst und ihn dann in den Wind hältst.« Alle lachten, als er das übersetzte. War das ein Scherz? Machten sich alle über sie lustig?

Wenn sie sprach, bewegte Sitti ihre Hände, ließ sie durch die Luft schweben und tanzen. Sie hob die Spitzen von Liyanas Zopf, und betrachtete das geflochtene Haar.

Sie küßte Liyana zweimal auf beide Backen und drückte ihr Gesicht in den rauchigen Schal.

Die Luft außerhalb des Hauses lag schwer und dunkel wie eine große weiche Decke über den Hügeln und Tälern. Sie standen eine ganze Weile mit ihrer großen Familie da und schauten über die schattenbedeckten Felder und Obstgärten, rochen den umgepflügten Erdboden und die süße Brise der Nacht. Irgendwo wieherte ein Esel, der Ton kam als Echo zurück, der Motor eines Wagens erstarb, so daß die Stille tief wie ein See zu sein schien. Poppy atmete tief ein. »Zu Hause«, sagte er und nickte Liyana zu. Er hatte den Arm um sie gelegt.

Futtertrog

Die Abbouds begannen, nach einem Haus in der Nähe von Jerusalem zu suchen, und alles war entweder zu groß, zu teuer, zu klein, zu verfallen, zu laut oder einfach nur merkwürdig. Ein elegantes Haus stand gegenüber einem Reklameschild, das für ein ›Museum des jüdischen Hasses‹ warb. Poppy meinte trocken zu dem Grundstücksmakler, es täte ihm leid, er könne es aber nicht ertragen, wenn vor seinem Fenster ein so deprimierendes Schild stünde.

Jedesmal, wenn sie in ein Haus kamen, das zuerst vielversprechend wirkte, und es dann wieder verließen, überkam Liyana wellenartig die Traurigkeit. Sie dachte an ihr hübsches weißes Haus mit den grünen Fensterläden in St. Louis. Sie erinnerte sich an die Holztür, die in ihrem Rahmen knarrte.

Jeden Abend wurde der Sack mit ihrer Schmutzwäsche größer, dabei legte sie alle Sachen, die sie noch tragen konnte, zurück in den offenen Koffer. Poppy fragte: »Hast du nichts außer dem schwarzen T-Shirt mitgebracht?« Bisher hatte sie nur einen Koffer aufgemacht.

Rafik hingegen hatte jedes Gepäckstück geöffnet, das er mitgebracht hatte. Er lebte in einem Haufen von Spielzeug und Schätzen, wie dem neonfarbenen, batteriebetrieben Jo-Jo, einem Stinktierbaby und einer Mundharmonika. Er hatte sogar ein Foto seiner letzten Klasse aufgehängt. Zum Abschied hatten sich alle in seinem Zimmer fotografieren lassen.

Liyana fand es mehr als peinlich, daß Onkel Zaki, Poppys älterer Bruder, bei ihrem zweiten Besuch im Dorf für seinen Sohn um ihre Hand ›angehalten‹ hatte. Poppy war wütend geworden und hatte tatsächlich angefangen zu fauchen. Später hatte er ihnen seine Antwort übersetzt: »Wir wollen mit solchen archaischen Bräuchen nichts zu tun haben. Außerdem ist sie vierzehn!« In dem Dorf schienen sie jetzt alle anzustarren, als wäre sie ein exotisches Tier im Zoo. In Gesellschaft ihrer Verwandten fühlte Liyana sich jetzt unwohl. Sie schienen Pläne für sie gehabt zu haben, mit denen sie nichts zu tun haben wollte.

Sie hörte Sachen, die sie gar nicht hören wollte. Ein arabischer Junge war ertappt worden, als er ein Mädchen hinter dem Haus küßte, und wurde von ihren Brüdern zusammengeschlagen. Was war verkehrt am Küssen? Sie wurde doch ununterbrochen von allen geküßt – aber auf beide Backen, nicht auf den Mund. Waren die Leute hier in die Steinzeit zurückgekehrt?

Poppy setzte sich neben Liyana auf die mittlerweile vertraute Couch im Hotelzimmer.

»Du mißverstehst eine Sache«, sagte er. »Du darfst die Bräuche in einem Land nicht mit den Regeln eines anderen messen. Öffentliches Küssen – ich meine, Küsse auf den Mund, romantische Küsse – ist hier nicht in Ordnung. Man macht das einfach nicht.«

»Gilt das für alle?« fragte sie. »Auch für Griechen und Juden und Armenier? Oder nur für Araber?«

Sie war ein Glückspilz und in die einzige Kuß-freie Kultur hineingeboren; dabei hatte es gerade so ausgesehen, als sei das Küssen etwas besonders Schönes.

»Ich kann nicht für die Griechen und Juden und Armenier sprechen. Ich habe mit ihnen mal die Nachspeisen getauscht, aber was das Küssen angeht, kann ich nicht für sie sprechen. Wahrscheinlich sind sie beim Küssen nicht so streng wie die Araber. Vielleicht ist das besser für sie. Natürlich darf jeder küssen, wenn er verheiratet ist.«

Plötzlich sah Poppy ganz aufgeregt aus. »Ist da jemand, den du küssen willst?«

»Natürlich. Ich bin gerade mal vor neun Tagen angekommen, und schon hab ich mir einen ausgeguckt.«

»Liyana, du mußt Geduld haben. Es gibt kulturelle Unterschiede, und man braucht Zeit, sie zu verstehen. Am wichtigsten ist, daß du dich an die Regeln hältst, die dort gelten, wo du lebst. Das ist gesunder Menschenverstand. Du erinnerst dich doch an diesen Satz, auch wenn du ihn immer gehaßt hast? *Wenn du in Rom bist, tu, was die Römer tun.* Du mußt dir klar darüber sein, daß du nicht in den Vereinigten Staaten bist.«

Als müßte er sie daran erinnern.

Als sie an diesem Abend ins Bett ging, preßte sie das Gesicht in das aufgeplusterte Baumwollkissen. Es roch so ganz anders als die Kissen zu Hause in St. Louis.

Am nächsten Tag mieteten die Abbouds eine Etage in einem freistehenden weißen Steinhaus, mitten auf der Strecke von Jerusalem nach Ramallah. Direkt vor dem Haus hielt der Bus.

Umgeben von steinigen Feldern hatte das Haus ein nützliches flaches Dach, auf dem sie sich hinlegen und lesen konnte. Poppy zeigte auf das Flüchtlingslager am Ende eines kleinen Wegs, der hinter dem Haus verlief. Es war eines der ersten gewesen, die 1948 erreichtet worden waren. Vom Dach sah es wie ein buntes Dorf voller kleiner, eng beieinanderstehender Gebäude aus. »Glaubt mir«, meinte Poppy, »auf die Entfernung sieht es viel besser aus. Die Lager sind schlimm.« Hinter dem Lager lag der verlassene Flughafen von Jerusalem – ein paar Streifen grauer Beton und ein kleiner Turm. »Der schläft tief«, sagte Poppy traurig.

Jedes der geräumigen Schlafzimmer hatte eine ganze Wand Einbauschränke und einen eigenen Balkon. Endlich konnten sie auspacken.

Ihr neuer Vermieter, Abu Janan, sah aus wie der Prophet der Düsternis und hatte einen riesigen Bauch, der nicht in seine Hose paßte. Er meinte, sie würden wahrscheinlich mindestens ein Jahr auf einen Telefonanschluß warten müssen, auch er habe seinen erst nach mehrmaligen Nachfragen bekommen.

Poppy sagte: »Ich werde mich sofort darum kümmern.

Ich bin Arzt und muß jederzeit erreichbar sein. Außerdem (und hier zwinkerte er Liyana zu) müssen Teenager doch telefonieren können, oder?« Als ob es jemand gab, den sie hätte anrufen können.

»Wo ist Janan?« fragte sie Poppy.

»Wer?«

»Der Sohn von Abu Janan.«

»Erwachsen. In Chicago.«

Schlecht. Sie hatte gehofft, mit dem Haus einen Freund zu bekommen.

Durch die makellos saubere leere Küche hörten Liyana und Rafik Gegacker aus dem Hinterhof hochsteigen. Sie liefen hinters Haus und kamen zu einem Gehege mit fetten schwarzen Hühnern, die genüßlich im Stroh pickten. In einer flachen Hütte waren ihre Legenester untergebracht.

»Also leben wir doch noch in einem Futtertrog«, flüsterte Rafik. »Willst du ihnen Leckereien bringen?«

»Was sind Leckereien für Hühner?«

»Netzmelonenkerne und ausgepreßtes Fruchtfleisch.«

»Woher weißt du das?«

Rafik zuckte mit der Schulter. »Ich habe viele Geheimnisse. Irgendwann werden wir sie rauslassen.« Der Hof war von einer hohen Steinmauer umgeben, weit würden sie also nicht kommen.

Liyana hatte das Gefühl, die Aussicht auf neue Streiche legte wieder die kühle Hand auf ihren Kopf.

Rafik sagte: »Hast du unseren Vermieter gesehen? Ein bißchen Übung würde ihm ganz gut tun. Wenn er die Hühner einfängt, bekommt er Bewegung.«

Liyana überlegte. »Sollten wir nicht zumindest eine Woche warten und uns als gute Mieter zeigen?«

»Und dann?«

Auf der Straße wirbelte ein Bus Staub auf, nachdem er einige Fahrgäste abgesetzt hatte. Ihre neuen Nachbarn, die noch nichts von ihrer Existenz wußten.

»Dann werden wir unseren Spaß haben.«

Inneneinrichtung

Rafik pinnte knallbunte Poster, die Poppy von einem Freund besorgt hatte, an die frisch gestrichenen weißen Wände seines Zimmers. Der Freund arbeitete in einem Reisebüro, und so hingen ›New York‹ und ›Portugal‹, ›Die Tore Jerusalems‹ und ›TEXAS, USA‹ in Rafiks Zimmer.

Liyana fragte: »Hast du auch welche für mich?«

Rafik meinte, sie könne ›Lufthansa‹ haben, aber das wollte sie nicht. Sie war noch nie mit Lufthansa geflogen.

In St. Louis war Liyanas Zimmer in einer tiefen, eleganten Farbe gestrichen gewesen, die ›Rosinen‹ genannt wurde. An einer Wand waren Radierungen und träumerische Wasserfarbbilder ihrer Freunde gewesen, es hatte wie eine Kunstgalerie ausgesehen. Dazu gab es eine Pinnwand mit witzigen Fotos, die auf Geburtstagspartys aufgenommen worden waren, getrockneten Blumen und rausgerissenen Zeitungsseiten, die zu schade waren, um weggeworfen zu werden. Lag sie im Bett, starrten sie die leuchtenden, goldenen Augen einer Katze an. Außerdem hing in einer Ecke das gerahmte Pastellbild, das ihre Mutter von ihr gemalt hatte, als sie zwei gewesen und auf dem Fell im Wohnzimmer eingeschlafen war. Liyana liebte das Bild sehr und hätte es auch mit nach Jerusalem genommen, wenn sie nicht Angst gehabt hätte, das Glas würde die Reise nicht überstehen.

Liyana hatte vor, ein oder zwei Monate mit nackten Wänden zu leben.

Es war ja nur ein Versuch.

Jerusalem, höher gelegen als meine höchste Freude

»Ich werde nicht gehen!« erklärte Liyana.

Sie sprach mit Poppy über Sittis Einladung. Sie sollte übers Wochenende im Dorf bleiben, damit ihre Großmutter ihr einiges beibringen konnte.

»Warum will sie nicht auch Rafik etwas beibringen?«

»Weil sie eine Frau ist und die Dinge der Frauen kennt.«

»Sie kann sie für sich behalten.«

Poppy seufzte. »In fünfzig Jahren wirst du es tief bedauern.« Er wandte sich ab und stolzierte in sein Zimmer. So war es immer. Liyana dachte: In fünfzig Jahren werde ich sehr beschäftigt sein.

Vor ein paar Tagen hatte Poppy tatsächlich die Bibel nach einem Zitat aus den Psalmen durchblättert, das er besonders mochte: »Wenn ich dich vergäße, o Jerusalem, möge meine rechte Hand erlahmen. Möge meine Zunge am oberen Gaumen haften, setzte ich nicht Jerusalem über die höchsten meiner Freuden.«

Es machte Liyana verrückt. Es war doch Absicht! Wollte er ihr damit sagen, daß sie nicht glücklich genug darüber war, hier zu sein? Sie war einfach nicht in der Stimmung, Tag für Tag einkaufen zu gehen, um den Haushalt auszustatten. Selbst ihre Freude über den neuen weißen Toyota, der innen wie ein neuer Teppich und Rosen roch, hielt sich sehr in Grenzen. »Wir könnten nach Damaskus oder Aleppo fahren!« verkündete Poppy, der stolz über seine Neuerwerbung neben dem Wagen stand. »Es könnte allerdings Schwierigkeiten geben, über die Grenze zu kommen …

Meistens fuhren sie nur zwischen Jerusalem oder Ramallah hin und zurück.

Jeden Morgen begrüßte Poppy Liyana und Rafik beim Frühstück mit seinem: »Guten MORGEN! Wie geht es EUCH heute?« Und Liyana hätte am liebsten geantwortet: ›Ich komm zurecht. Ich schwanke. Ich bin einsam.‹

Immer wieder bat Liyana Poppy, bei ihrem Postamt vorbeizufahren, um nachzusehen, ob sie Briefe von zu Hause bekommen hatte. Warum hörte sie nichts von Claire?

Die Abbouds verbrachten ein ganzes langes ermüdendes Wochenende damit, von morgens bis abends die Gegend um Jerusalem zu erforschen. Poppy wollte, daß sie »ein Gefühl für die Landschaft« entwickelten.

Er führte sie durch sich windende Gänge, uralte Treppen hinab zu einer alten Kirche, von der er seit Jahren erzählt hatte. Als Kind hatte Poppy auf der Mauer vor der Kirche seine Hausaufgaben gemacht. Einmal hatte er gesehen, wie zwei Priester mit ihren Fäusten aufeinander einschlugen und sich im Staub wälzten.

Die düstere Kapelle enthielt ein trauriges Wandbild. Es zeigte Jesus, der mit ausgebreiteten Armen tot auf dem Kreuz lag, nachdem es zu Boden gelassen worden war. Maria Magdalena drückte ihr Gesicht an seine Füße. Susan weinte, als sie das Bild betrachtete. Im Garten von Gethsemane weinte sie wieder. Jerusalem war nicht gerade lustig und heiter. Mrs. Abboud hielt sich ein Tuch an die Augen. »Heute bin ich einfach von allem so bewegt. Wenn ich daran denke, was Jesus alles durchgemacht hat – es ist gespenstisch, genau an diesen Orten zu sein.«

»Weißt du, es gibt immer wieder Diskussionen darüber, wo genau das alles war«, sagte Poppy.

»Ob hier oder da, ich fühle mich ganz nah dran«, antwortete Susan.

Sie gingen durch die Menschenmassen auf der Via Dolorosa, wo Jesus das Kreuz getragen hatte, und blieben immer wieder stehen, damit Susan aus ihrem Reiseführer vorlesen konnte. Deutsche Pilger, Italiener, die Gebete murmelten, waren genauso da wie japanische Reisende, die kleine purpurrote Kappen auf dem Kopf trugen.

Vor der Klagemauer standen Juden mit steifen Hüten und Käppies, die winzige Zettel und Pergamente mit Gebeten zwischen die Steine steckten. Rafik wollte wissen, wie lange die Zettel dort blieben. Die goldene Kuppel des Felsendoms, der berühmtesten Moschee von Jerusalem, leuchtete über der Klagemauer.

Außerhalb der Stadtmauer schleppten sich die Abbouds die Stadtmauer entlang, während Poppy Vorträge über das jeweilige Tor hielt – das Damaskustor, Herodestor, das Jaffator, das neue Tor, das Löwentor (das auch Sankt-Stephans-Tor genannt wird) und – das mochten sie besonders – das Dungtor. Rafik und Liyana spekulierten darüber, woher das Dungtor wohl seinen Namen hatte.

Sie blieben bei etwa hundert winzigen Läden stehen, damit Poppy die Inhaber begrüßen – Küßchen-Küßchen auf beide Backen – und seine Familie vorstellen konnte. Alle boten ihnen Tee oder Kaffee an, aber Poppy meinte, es gäbe zu viel zu sehen und zu viele zu begrüßen, um sich irgendwo hinsetzen zu können.

»Jeder hier ist der Cousin von irgend jemand, und Poppy kennt sie alle«, meinte Liyana seufzend zu Rafik.

»Klar«, antwortete Rafik. »Aber versuch mal, auch nur einen wiederzuerkennen. Viel Glück!«

Liyana wußte, an den sanft blickenden Bassam würde sie sich erinnern, weil er ein Poster mit der elefantenköpfigen Hindugöttin Ganesha an der Wand seines Gewürzladens hatte, und das wirkte hier doch ein wenig – ungewöhnlich.

Liyana und Rafik wollten an jedem Essensstand etwas kaufen, aber Poppy bat sie, bis zu ihrem »besonderen Mittagessen« zu warten. Als er gerade einen uralten Melonenverkäufer begrüßte, der noch ihren Großvater gekannt hatte, fiel Liyanas Auge auf einen jungen Mann, zwergenhaft klein, der Bananen auf einer altmodischen Hängewaage auswog. Er stand hinter seinem Karren auf einer großen Holzkiste. Selbst seine Bananen wirkten wie gestutzt und winzig, mehr wie die Punkte als die Striche von Ausrufezeichen.

Trotz des warmen Wetters trug der Mann eine rote Kappe. Seine winzigen Blue Jeans mußten eine Kindergröße sein. Aber sein Gesicht schien aus Stein zu sein, wie die Straßen der Stadt – gemeißelt und scharf geschnitten. Er lächelte nicht mal, als gleichzeitig drei Kunden vor seinem Karren standen. Er nickte nur und wog ihre Bananen. Liyana starrte ihn die ganze Zeit an, so, wie sie sich immer aus einer Menge einen Menschen auswählt, um ihn zu beobachten. Zu Rafik sagte sie: »Siehst du den Bananen-Mann? An den werde ich mich erinnern. An dem Tag, an dem ich ihn lächeln sehe, kaufe ich eine Banane.« Vielleicht, so überlegte sie, war er traurig, weil er so klein war oder weil er in seinem Leben etwas anderes hatte machen wollen.

»Jetzt sag mal, wo sind die Kamele?« wurde Poppy von Rafik gefragt. »Ich hatte gehofft, hier gibt es Kamele.« Poppy meinte, in Richtung Jericho könnte es einige geben. Also baten sie ihn, sie auf der Stelle dorthin zu bringen.

Liyana stöhnte. »Unsere Füße bringen uns um. Wir sind erschöpft vom Hunger. Solle man Geschichte nicht besser in kleinen Portionen verdauen?«

»Meine wunderbaren Kinder!« rief Poppy aus.

Mittag aßen sie im *Philadelphia* – einem berühmten unterirdischen arabischen Restaurant voller orientalischer Teppiche. Poppy hielt einen Kellner am Ärmel fest und stellte ihn vor: »Der Vater dieses jungen Mannes war der klügste Schüler in meinem Chemiekurs.« Liyana beobachtete, wie ein anderer Kellner, gut aussehend und jung, sie anschaute, während er das Silberbesteck in weiße Servietten einwickelte. Zwinkerte er ihr zu?

Der Restaurantbesitzer, ein freundlicher Mann in Poppys Alter, brachte ihnen eine Schüssel mit dampfend heißer aromatischer Linsensuppe und meinte, wer seine Suppe einmal gekostet habe, käme immer wieder. Oliven, dunkelroter Rettich, Teller mit *baba ghanouj* und Hummus wurden auf den Tisch gestellt, dazu noch warme, flache Brote; alles, bevor das eigentliche Essen kam.

Liyana fühlte sich von Minute zu Minute wohler. »Ist es nicht merkwürdig, daß es so viel Krach und Streit in Jerusalem gibt, wo doch so viel Heiliges auf Heiliges trifft?« meinte sie. Liyana dachte an Mr. Hathaway, ihren Lehrer, und erinnerte sich an die kritische Miene, mit der er jedesmal eine Augenbraue hochgezogen hatte, wenn sie etwas gesagt hatte.

»Abendessen mit der ganzen Familie«, sagte ihre Mutter.

»Häh?«

»Wieviel Streit gibt es tagtäglich in einer Familie: Die Menschen lieben sich, aber trotzdem streiten sie. Bei Fremden nimmt man dann noch weniger Rücksicht. Stimmt's?«

»Klar«, meinte Rafik. »Wenn du jemand nicht lieb hast, ist er doch nicht die Mühe wert, sich mit ihm zu streiten.«

Poppy tätschelte ihn. »Mein Sohn, von Tag zu Tag wird er mehr und mehr zum Philosophen.«

»Meinst du, daß die Araber und Juden sich insgeheim lieben?« fragte Liyana.

»Ich meine«, sagte Poppy, »sie sind ihr Leben lang miteinander verbunden. Ob sie es mögen oder nicht. Wie bei diesem Kleber, den du nicht abbekommst.«

Zwei helle Sonnenstrahlen drangen durch die zur Straße führenden Fenster in das tiefgelegene Restaurant. Ein Strahl traf genau auf das achteckige Motiv in der Mitte eines blauen Teppichs, und der andere erleuchtete das rote Haar einer sehr alten Dame. »Seht ihr das Haar?« flüsterte Poppy. »Sie färbt es mit Henna.«

»Das werde ich auch, wenn ich erst mein Adlertattoo habe«, flüsterte Rafik zurück.

»Wenn ich hier bin und und ihr alle bei mir seid, habe ich das Gefühl, als käme mein Herz in meinen Körper zurück.« Poppy hob eine Teetasse und lächelte.

Liyana machte darauf aufmerksam, daß Poppy sie noch nicht durch das westliche, jüdische Jerusalem geführt hatte. Sein »Ich kenn mich da nicht aus« zählte nicht, sie hätten ja eine Busrundfahrt machen können.

Der gutaussehende Kellner stellte einen Teller mit *Baklava* als Nachtisch auf ihren Tisch, ohne daß sie es hätten bestellen müssen.

Der Direktor trägt einen Hut, der zum Mond zeigt

Rafik würde zur *Mädchenschule der Freunde* in Ramallah gehen, obwohl er ein Junge war. Die Schule nahm auch Jungen auf, aber nur wenige. Sie war vor langer Zeit von Quäkern gegründet worden, hatte einen sonnenbeschienenen Hof, und auf der Treppe vor dem Gebäude standen rechts und links Topfgeranien.

Susan schien erleichtert zu sein, weil der Schulhof, auf dem Rafik seine Pausen verbringen würde, von einer Steinmauer umgeben war. In letzter Zeit hatte sie angefangen, über »Sicherheit« in einem Ton zu sprechen, der Liyana nervös machte. Liyana selber dachte nie an Sicherheit, wenn nicht ein anderer davon zu sprechen begann. Sie wollte auch nicht daran denken. Sie wollte in einer Welt ohne Schlösser und Riegel leben.

Poppy und Mom fragten wegen Liyanas Schule herum und entschieden sich für eine armenische Schule, die St. Turkmanchaz hieß und mitten im armenischen Viertel der Altstadt lag.

Die Schüler dort waren dreisprachig: Sie sprachen Arabisch, Armenisch und Englisch, drei Sprachen mit vollkommen unterschiedlichen Buchstaben.

»Ist der Unterricht dort wie ein Dreikanalton-Fernseher? Was soll ich machen, wenn sie auf einem anderen Kanal sind? Werden sie mich für doof halten, weil ich nur Englisch spreche?« wollte Liyana von Poppy wissen. Sie machte sich Sorgen.

Sie beide fuhren zu einem Gespräch mit dem Direktor in die Stadt. Das armenische Viertel der Altstadt lag hinter einem riesigen Eisentor, die sich windenden Straßen wirkten wie ein Labyrinth. Der Boden war uneben gepflastert, und Liyana stolperte immer wieder. Poppy blieb stehen, um sich umzusehen, und sagte: »In diesen Straßen bin ich nicht mehr gewesen, seit ich ein Junge war.«

An einer Ecke verkaufte ein alter Mann geröstete Erdnüsse. Als Poppy ihn auf Arabisch nach der Schule fragte, zeigte er auf ein altes Gebäude gerade ihnen gegenüber. Die Inschrift über dem Schultor war in Armenisch – sie konnten nur eine Zahl lesen: 1929.

In dem großen Büro saß ein Priester in einer langen weinroten Kutte mit einem riesigen spitzen Hut – oder war es eine Krone? – auf dem Kopf. Liyana war sich nicht sicher, als was sie das weinrote Dreieck bezeichnen sollte, das mitten auf seinem Kopf saß. Kopfgewand? Während sie miteinander sprachen, mußte sie sich zwingen, dieses Ding nicht immer anzustarren.

Der Mann war aufgestanden, um ihnen die Hand zu schütteln, und bedeutete ihnen, auf zwei wackligen Holzstühlen Platz zu nehmen. »Was weißt du über die Armenier?« fragte er in sachlichem Ton Liyana.

»Ich weiß, daß sie eine lange, bewegte Geschichte haben, wie alle anderen hier«, antwortete Liyana vorsichtig. »Ich weiß, daß es ein schreckliches Massaker an armenischen Menschen gegeben hat, aber ich könnte nicht sagen, in welchem Jahr genau das passiert ist. Es tut mir leid, daß es geschehen ist.«

»Weißt du, daß dies der Grund war, weshalb viele aus unserer Gemeinde danach im Exil, weit entfernt von unserer eigentlichen Heimat, leben mußten?«

Sie nickte und befürchtete, er würde sie bitten, das armenische Alphabet aufzusagen, oder ihr Fragen stellen, die sie garantiert nicht beantworten konnte. Ein Ventilator drehte sich, ein Wasserkühler klickte. Alle Bücher in seinem Regal waren in Armenisch.

Plötzlich fiel Liyana etwas ein.

»Ich liebe William Saroyan.«

»Wen?«

Als sie sagte: » Den großen armenisch-amerikanischen Autor, der in Kalifornien lebte und schrieb«, sagte er: »O ja, o ja.«

Als Liyana in der siebten Klasse gewesen war, gab es im Lesebuch eine Geschichte von Saroyan. Sie hatte dann in der Bücherei mehrere seiner Bücher ausgeliehen und Poppy laut daraus vorgelesen. Einmal hatten sie so heftig lachen müssen, daß Poppy fast die Luft weggeblieben wäre. Vollkommen erledigt hatte er sich auf den Boden gelegt, um wieder zu Atem zu kommen. Später hatte er erklärt, die verdrehten Dialoge hätten ihn an seine eigene Familie erinnert.

Plötzlich wußte sie, was zu sagen war. Liyana beugte sich zu dem Priester: »Ich habe noch gut in Erinnerung, was ich durch Saroyans Geschichten von der armenischen Kultur erfahren habe und freue mich darauf, noch mehr darüber zu lernen.«

Diese Worte änderten die Stimmung im Raum. Auch der Priester beugte sich jetzt vor. Sein Hut war ein wenig verrutscht. »Also interessierst du dich für unsere Kultur?«

»Sicher doch.«

Über ihren Köpfen applaudierten die unsichtbaren Engel.

Der Priester nahm sie auf, obwohl sie keine Viertel-, ja nicht einmal eine Achtel-Armenierin war. Er meinte, sie würde die einzige »Außenseiterin« sein, ein Begriff, bei dem ihr Vater zusammenzuckte und ernst und gefühlvoll sagte: »Lassen Sie uns gemeinsam an eine Welt glauben, in der niemand innen oder außen ist, ja?« Der Priester antwortete nicht, aber Liyana war voller Stolz auf Poppy, weil er das gesagt hatte.

Als sie sich wieder die Hand gaben, bemerkte der Priester einen einfachen Silberring, ein Geschenk von Claire, an Liyanas Finger und sagte: »Es tut mir leid, aber wenn du die Schulregeln liest, wirst du feststellen, daß Ringe in unserer Schule nicht erlaubt sind.«

»Warum nicht?« fragte Liyana.

»Ablenkung.«

Poppy gab ihr einen kleinen Puff in die Seite, der sich mit »Frag nicht weiter« übersetzen ließ.

Während sie durch die engen gewundenen Straßen zu ihrem Auto zurückgingen, sagte Poppy: »Großartig, diese Idee von dir, Saroyan zu erwähnen.«

Liyana sagte: »Ablenkung? Wenn ich so ein riesiges kosmisches Horn auf meinem Kopf hätte, würde ich dann noch den Mund aufmachen?«

Sehr, sehr entfernte Verwandte

Am Anfang kam sich Liyana in der Schule komisch vor. Ihren Eltern sagte sie, vor Ablauf eines Monats würde sie zu nichts ein Urteil abgeben. Aber zu Rafik sagte Liyana: »Ich würde gerne mit den Eseln auf dem Feld zur Schule gehen. Den ganzen Tag mit offenem Mund in der frischen Luft stehen. Keine Klingel, die läutet.«

Rafik zuckte mit den Schultern und meinte: »Tut mir leid für dich. Vielleicht gefällt es dir ja bald.« Über seine Schule sagte er, sie sei wie »ein Kuchenstück«.

Eines Tages, als Liyana mit dem Linienbus nach Hause gekommen war, saß eine Frau, die sie vorher noch nie gesehen hatte, auf dem niedrigen Sofa im Wohnzimmer. Sie trug ein langes, blaues Kleid, wie die Frauen im Dorf, schaukelte vor und zurück und summte vor sich hin.

Liyana nickte ihr zu und machte sich auf die Suche nach ihrer Mutter. Sie fand sie im Schlafzimmer, wo sie eine Kiste durchwühlte.

»Wer ist die Frau im Wohnzimmer?«

»Ich weiß es nicht. Sie ist heute morgen aufgetaucht und nicht wieder weggegangen. Sie spricht kein Wort Englisch. Ich hoffte die ganze Zeit, Poppy würde heute zum Mittagessen nach Hause kommen und mir aus der Patsche helfen.«

»Hast du ihn angerufen?« Poppy hatte bei der Telefonfirma ein Wunder bewirkt und es geschafft, daß das Telefon innerhalb einer Woche angeschlossen wurde.

»Ja. Er hat länger mit ihr gesprochen, aber als ich ihn wieder am Hörer hatte, meinte er, er hätte nicht die geringste Ahnung. Sie behauptet, eine Verwandte von ihm zu sein.«

»Also sitzt sie schon den ganzen Tag da rum?«

»Den ganzen Tag. Ich wollte ihr etwas zu essen geben, aber sie winkte bei allem nur ab. Ich glaube, sie ist schüchtern.«

»Wonach suchst du?«

»Einen Packen mit alten Bildern, die einzigen, die Poppy hatte. Dann kann sie sie durchschauen. Möglicherweise hilft das ja weiter.«

Sie fanden die Bilder in einem vollgestopften Umschlag. Die Frau nickte zu jedem einzelnen.

Als Rafik nach dem Fußballtraining nach Hause kam, fragte er: »Wer ist das?«

»Sie ist die Schwester des verschwundenen Pharaos«, erklärte Liyana.

»Und wer ist der verschwundene Pharao?«

Rafik zündete ein Räucherstäbchen an und marschierte im Flur auf und ab. Als Poppy schließlich auftauchte, setzte er sich zu der Frau und sie unterhielten sich lange. Sie gestikulierte die ganze Zeit mit ihren Händen, schien aber nicht aufgeregt zu sein.

In der Küche wusch Liyana den Spinat, während Rafik gerade angefangen hatte, die Zwiebeln zu schneiden. Susan meinte, damit würde er ihr eine große Hilfe sein. »Mich regt das auf!« meckerte Liyana. »Er macht eine kleine, winzige Kleinigkeit und du tust sooo dankbar. Ich mache jeden Tag etwas!«

Poppy kam herein und schüttelte den Kopf. »Die Frau ist ein Rätsel«, sagte er. »Ich vermute, sie ist die Cousine einer Cousine eines Cousins, der starb, bevor ich geboren wurde, und keiner ist auch nur irgendwann auf die Idee gekommen, seinen Namen mir gegenüber zu erwähnen. Sie wohnt in einem kleinen Dorf am Rande der Berge, bevor man nach Nablus kommt. Ich bin kaum einmal dort gewesen und kann mich an niemanden erinnern.«

»Und was will sie?«

»Sie will, daß ich ihr ein neues Kleid kaufe.«

»Warum?«

»Es ist ein alter Brauch. Wenn jemand aus Amerika zurückkommt, kauft er allen Frauen in seiner Verwandtschaft einen Ballen Stoff, aus dem ein neues Kleid gemacht wird. Ich vermute, damit soll der Erfolg demonstriert werden, den der Reisende in Amerika gehabt hat.«

Liyana dachte an die zehntausend Verwandten, die sie schon getroffen hatten.

»Für jede? Für jede ein Kleid? Ist das nicht unmöglich?«

»Natürlich. Vor allem, wenn du es auch noch für Leute kaufen sollst, von denen du noch nie gehört hast.«

»Also, was wirst du mit ihr machen?«

»Ich werde mir ihr bis nach Ramallah fahren, wo dieser Fabrikladen ist – und mir unterwegs etwas ausdenken. Von dort kann sie mit dem Bus in ihr Dorf fahren.«

Sie rochen den intensiven Duft der gegrillten Zwiebeln und hielten das Abendessen warm, bis Poppy zurückkam. »Und?« fragten sie alle gleichzeitig.

Er grinste. »Ich bin mit ihr tatsächlich zum Fabrikladen gefahren. Ich habe ihr gesagt, sie sollte schon mal aussteigen. Sie dachte, ich würde das Auto parken, zurückkommen und ein riesiges Stück roten Samt für sie aussuchen. Statt dessen bin ich um den Block gefahren und gleich wieder nach Hause gekommen.«

Rafik sagte: »Du hast sie sitzenlassen?«

Poppy zuckte mit der Schulter. »Irgendwie müssen die alten Bräuche ja geändert werden, oder? Es ist an der Zeit. Als wir hier saßen, habe ich ihr gesagt, daß es meiner Meinung nach ein dummer Brauch sei, aber sie war nicht zu bewegen. Also bin ich genauso selbstverständlich verschwunden, wie sie hier bei uns aufgetaucht ist. Sie wird es überleben.«

»Wird sie nicht wütend auf dich sein?«

»Hab ich sie je zuvor gesehen? Soll ich mein Leben von Leuten bestimmen lassen, die ich nicht mal kenne? Ich bin mit Hassan verwandt, der mit Fatwa verwandt ist, die mit dem Glas Wasser verwandt ist, das mit dem Fluß Jordan verwandt ist, der mit Johannes dem Täufer verwandt ist. Was soll's!«

Vergiß mich nicht

Das Schwierigste an einem Umzug von Kontinent zu Kontinent war wahrscheinlich, daß die eigene Geschichte für alle, außer der Familie, völlig unbekannt war. Es war, als würde man sich anderen gegenüber aus kleinen Teilen neu zusammensetzen.

Zu Hause in St. Louis erinnerte sich der Mann im Gemüseladen an den Tag, als die kleine Liyana so fest auf einen reifen Pfirsich drückte, daß ihr Finger in der Frucht steckenblieb. Sie schrie auf, und die Damen aus der Nachbarschaft, die gerade ihr Gemüse kauften, lachten. Wann immer sie danach in den Laden kam, sagte der Mann zu ihr: »Sei vorsichtig mit meinen Pflaumen! Komm den Honigmelonen nicht zu nahe!«

Natürlich war das nur eine Kleinigkeit, aber es zeigte, daß man wußte, wer sie war.

In Jerusalem war sie irgend jemand, der durch die Straßen ging. Sie war die Halb-Amerikanerin mit den arabischen Augen in der dunkelblauen Uniform der Armenischen Schule. Wer?

Vergangenheit und Gegenwart ineinander gerollt

Sitti hatte immer ein Bett mit frischen Kissen für Liyana bereit. Jedesmal, wenn die Abbouds zu ihrem üblichen Wochenendbesuch kamen, wies sie darauf hin. Liyana drehte dann den Kopf weg. Warum machte sie so eine große Sache daraus? Sitti strich ihr über das Gesicht und sagte: »Ya, Habibi, Habibti« und klackte dabei mit der Zunge wie ein überdrehter Wiederkäuer.

Aber eines Tages hatte sich der Wind gedreht und Liyana meinte, jetzt wäre sie soweit. »Ich bleibe im Dorf«, sagte sie. Poppy und Susan sollten am Sonntag abend wiederkommen und sie abholen.

Sie blieben aber noch den ganzen Nachmittag, sehr zu Liyanas Erleichterung. Wenn Poppy bei ihr war, konnte er erklären – wer wer war, was was war. Ohne ihn blieb es ein Ratespiel.

Liyana stellte ihren großen Rucksack in Sittis Ecke. Für den Fall, daß sie Zeit zum Lesen haben würde, hatte sie eine Gedichtsammlung mitgebracht, außerdem ihre Kladde und ihren kleinen Troll mit Glasperlenaugen für ihre Großmutter. Sitti, das hatte sie schon mitbekommen, konnte sich sehr über kleine Dinge freuen.

Rafik war wieder mit Muhammed verschwunden. Tante Amal erschien, um Susan zu den Obstgärten mitzunehmen, sie sollte sehen, wie Mandeln und Oliven auf den Ästen reiften. Sie nahmen Körbe mit, um Gewürze zu pflücken – Oregano, Minze und Thymian.

Sitti wollte, daß Liyana und Poppy mit ihr zu dem *taboon,* dem gewölbten Ofen neben dem Haus, kamen, in den man hineingehen konnte, so groß war er. Sie zeigte Liyana, wie man den Teig in der Luft zu großen Fladen dehnte, um ihn dann mit einer raschen Bewegung auf den schwarzen Stein zu legen. So wurde Brot gebacken. Einmal flatterte Sittis langer Rock gefährlich nah an den Flammen und Liyana beugte sich vor, um ihn zu halten, aber Poppy meinte: » Sie weiß, was sie tut.« Ihre Töchter und Schwiegertöchter hatten mittlerweile moderne elektrische Backöfen, aber Sitti weigerte sich, so etwas auch nur anzurühren. Sie blieb den alten Gepflogenheiten und Dingen verbunden.

Sitti gab Liyana einen Teigball und ermutigte sie, es auch einmal zu probieren. Liyana machte alles so, wie sie es beobachtet hatte, knetete den Teig, klopfte ihn breit und flach und schleuderte ihn hoch in die Luft, wie sie es bei den Pizza-Bäckern zu Hause gesehen hatte. Sittis Brote waren vollkommen rund, aber Liyana brachte nur die Form Australiens zustande. Sitti half ihr, den Teig wieder zusammenzukneten und dann in die gewünschte Form zu bringen.

Als die heißen Brote dann zum Tisch gebracht und dort auf weiße Leinentücher gelegt wurden, war Poppy in Sittis Bett eingeschlafen und lag da wie ein Kind. Sitti beugte sich einen Moment lang über ihn, als schaue sie nach ihrem Baby. Dann flüsterte sie Liyana etwas zu und bedeutete ihr, sie sollten ihn alleine lassen. Liyana dachte: *Das habe ich nun von meinem Übersetzer.*

Es stellte sich aber heraus, daß sie ihn gar nicht so schrecklich brauchte. Sitti hob einen großen Tonkrug auf ihren Kopf und bedeutete Liyana, ihr auf die verschmutzte Straße zu folgen. Sie gingen hinaus in den Wind, und Sitti beobachtete dauernd Liyanas Gesicht, als wollte sie ihrer sicher sein. Ist sie glücklich? Mag sie das? Sitti zeigte mit dem Arm auf die umliegenden Hügel und Täler. Sie warf einen Kuß in die Luft und animierte Liyana, selber tief durchzuatmen. Liyana hatte das Gefühl, sie könnte springen, wenn sie nur wollte, oder sich im Kreis drehen, bis ihr schwindlig wurde.

Niemand beobachtete sie, es gab keine Vorschriften. Liyana fühlte sich unsichtbar und frei. Dieses Gefühl hatte sie früher immer gehabt, wenn sie auf dem Fahrrad dahinrollte.

Sie kamen am Haus des Telefonisten vorbei, und er winkte ihnen durch die offene Tür zu. Die Schalttafel mit den Leitungen und Löchern sah aus wie die in einem alten Schwarzweißfilm. Dann gingen sie an ein paar verlassenen Häusern vorüber, die abseitig unter knorrigen Bäumen standen. Als sie zum Friedhof kamen, wandte Sitti das Gesicht ab. Liyana bemerkte, daß die weißen Grabsteine nicht beschriftet waren.

Dann kamen sie zu der Quelle, deren Wasser sich in einem glänzenden Teich neben dem Weg sammelte. Sitti füllte ihre Hand und ließ Liyana daraus trinken. Sie hatte noch nie aus einer fremden Hand getrunken. Das Wasser schmeckte frisch. Sitti füllte ihren Krug mit Wasser aus einem Rohr, das über einem Felsvorsprung hervorkam. Poppy hatte erzählt, daß die Frauen dieses frische »Erdwasser« dem Leitungswasser vorzogen. Sitti legte eine dickes Stoffknäuel auf ihren Kopf und hievte den vollen Krug darauf. So würde sie ihn zurück ins Haus tragen. Als der Krug auf seinem Platz war, balancierte sie ihn, ohne die Hände zu benutzen. Sie machte Liyana Zeichen. *Ob Liyana das auch mal probieren wollte?* Liyana sprang zurück. Sie konnte nicht mal einen Pfirsich auf dem Kopf behalten.

Nachdem sie das Wasser heimgebracht und kleingerupfte grüne Bohnen mit einer Zimtstange zum Kochen in einen großen Topf getan hatte, ging Sitti mit Liyana zu einer Nachbarin, die winzige getrocknete Orangen auf einer Nylonschnur aufreihte. In einem Käfig saßen kleine Singvögel. Die Frau öffnete einen Schrank und zeigte Liyana Dutzende von herrlichen Halsketten, die dort auf Nägeln hingen. Sie drängte das Mädchen, sich eine auszusuchen. Liyana selber trug keine Ketten um den Hals, wählte aber eine türkisfarbene, an der uralte palästinensische Münzen hingen. Bis zum Geburtstag ihrer Mutter würde sie die Kette verstecken. Dann bekam Liyana noch zwei dicke Olivenölseifen, die sie Susan mitbringen sollte. Zum Abschied wurde Liyana umarmt.

Später stellte Liyana fest, über wie viele Dinge sie sich verständigt hatten, ohne ein Wort zu wechseln.

Am Abend war Rafik total verschwitzt vom Spielen mit den Cousins vom Feld zurückgekommen, Susan hatte sich einen Sonnenbrand eingefangen, war aber guter Dinge wegen der Kräuter, die für ein ganzes Jahr reichen würden, und dem kleinen Stickmuster zum Üben. Poppy war zum zweiten Mal von einem Nickerchen erwacht, und sie saßen alle zusammen auf den Kissen neben Sittis Bett und knackten Mandeln über einer hölzernen Schale. Liyana lehnte sich an Sittis Schulter, um die Schüssel erreichen zu können.

Sitti hielt Poppy damit in Trab, daß er übersetzen sollte. Sie berichtete von ihren Träumen, als wären sie Nachrichten. »Letztens habe ich geträumt, daß ein Verwandter, er heißt Salim und ist schon lange tot, mich gebeten hat, ihn nach Mekka zu begleiten. Ich hatte große Angst. Ich wollte nach Mekka, aber nicht mit einem Toten. Ich dachte, er würde mich zwingen, ihn in die andere Welt zu begleiten, und ich müßte sterben.«

Und dann?

»Als ich aufwachte, sah ich die häßliche Katze in meinem Fenster sitzen und wußte, daß ich noch am Leben war.«

Rafik mußte laut lachen, und Sitti steckte zwei Mandeln in den Mund. Dann ging sie aus dem Zimmer, um die grünen Bohnen und den gefüllten Kürbis zuzubereiten, die sie auf großen Tabletts zum Abendessen auf den Tisch stellen würde.

Poppy beugte sich vor und meinte: »Ihr werdet schon

mitbekommen haben, Sittis Geschichten passen nicht immer zusammen. Sie hat keinen Sinn für Logik, für Ursache und Wirkung. Na egal, hier in diesem Teil der Welt gehen Vergangenheit und Gegenwart oft ineinander über.«

An diesem Tag waren alle Onkel zu einem Treffen in ein anderes Dorf gefahren. Es gab Probleme, wem welches Land gehört, und darüber sollte dort diskutiert werden. Die Tanten waren in Bethlehem, um einer entfernten Cousine bei der Vorbereitung ihrer Hochzeit zu helfen. Liyana fand es ganz gut, daß weniger Leute um sie herum waren.

Poppy erzählte ihr, daß er Angst habe, Sitti die Fahrkarte für die Pilgerreise nach Mekka zu kaufen, weil er wirklich glaubte, sie würde bald danach sterben.

Warum?

Sitti war in den Raum zurückgekehrt, hörte ihnen zu, wie sie sich auf englisch unterhielten, und nickte dazu. Sie sagte, der Kürbisbrei würde bald kalt genug sein und sie könnten essen, sobald sich die Wege zweier Vögel in der Luft gekreuzt hätten. Poppy blinzelte nicht mal, er redete einfach weiter.

»Manchmal hält das lange Warten auf etwas, das man sich sehr wünscht, einen am Leben. Wenn es dann erreicht ist – buum!« Er hat sich von Berufs wegen damit beschäftigt. Die alten Leute, die er hier im Krankenhaus betreut, seien unglaublich »haltbar« für ihr fortgeschrittenes Alter. »Viele von ihnen warten auch auf ein unabhängiges Palästina. Sie wollen nicht aufgeben, wenn es so nah zu sein scheint.«

Sitti sammelte die Mandelschalen in ihrem Rock und ging hinaus.

Liyana dachte weiter darüber nach, was Poppy von in Erfüllung gegangenen Hoffnungen gesagt hatte. »Wie deine Rückkehr nach Jerusalem, Poppy?«

»Ich hoffe, nicht.«

Im letzten Moment bat Liyana ihren Bruder, auch die Nacht über im Dorf zu bleiben. Es würde ihm nichts ausmachen, daß er keine Zahnbürste und keine Kleider zum Wechseln hatte. »Hör mal«, flüsterte sie ihm zu, »wenn ich schon hierbleibe und so tu, als würde ich was verstehen, könntest du mir beistehen und mich nicht alleine lassen.« Er war einverstanden. Ihm machte es hier wirklich Spaß. Die Jungen hatten nicht so viele Pflichten wie die Mädchen, was Liyana sehr merkwürdig fand. Sie hatte richtig Lust, ihnen zu sagen, sie sollten Holz hacken oder die Erde um die Bäume herum mit Abfall düngen.

Ihre Eltern verließen sie nach einem ausgezeichneten Abendessen und zwei Runden Tee mit Minze und Zucker. Sitti erklärte, sie könnte ihnen die Zukunft aus den Teeblättern lesen, die im Zuckerpansch auf dem Boden der Tassen lagen. Die Teeblätter hätten ihr eigenes Alphabet und überbrachten Nachrichten, nachdem der Tee getrunken war.

Liyana war kalt und sie war müde, am liebsten hätte sie sich wie eine Maus in ihrem Loch zusammengerollt. Nachdem die Sonne untergegangen war, sank auch die Temperatur in dem steinernen Haus.

Rafik und Liyana sahen sich an, als sie hörten, wie das Auto ihrer Eltern hinter den Bergen verschwand. Sie schliefen in einem Raum mit Sitti, die einige Minuten brauchte, um einen riesigen gefütterten Sack auszubreiten. Neben Münzen holte sie einige zusammengeknäulte Geldscheine heraus, einen gigantischen Schlüssel, einige Knöpfe und einen rosa Kamm. Sie breitete diese Schätze auf dem Tisch aus. Ihren weißen Schlafanzug trug sie unter ihren Kleidern, so daß sie sich ohne Befangenheit vor den Kindern zum Schlafen zurechtmachte. Liyana ging ins Bad, um ihren Pyjama anzuziehen.

Sie schliefen auf drei schmalen, nebeneinander stehenden Betten, wie in einem Schlafsaal. Manchmal schliefen auch Tante Saba oder Tante Lena hier. Sittis Bett hatte eine große Beule in dem eisernen Kopfteil. Als Poppy sie danach fragte, erzählte sie, das waren israelische Soldaten, die schlechte Laune gehabt hätten.

Nachdem das Licht aus war, sprach Sitti leise mit sich selber.

»Was sagt sie?« flüsterte Rafik.

»Glaubst du, ich versteh das?«

»Meinst du, sie betet?«

»Nein, es klingt eher wie ein Gespräch.«

»Mit wem?«

»Wußtest du, daß sie an Engel und Träume glaubt?«

Langes Schweigen.

Er begann einzuschlafen, die Stimme wurde langsamer.

»Ich hoffe … sie hält uns nicht … für Monster aus ihrem Traum.«

Wütend

Manchmal tragen Leute jahrelang ihren Zorn mit sich rum. Wie ein verhärteter Knoten liegt er dann im Körper und puppt sich ein. Andere lassen ihre Wut und ihren Zorn sofort lautstark raus.

Liyana fragte sich, ob die Menschen, die ihren Zorn sofort rausließen, nicht die glücklicheren waren.

In Jerusalem lag so viel alter Zorn in der Luft. Und manchmal stieß er in den Straßen auf neuen Zorn. Die Luft war erfüllt mit Tränen, Wüten und Gebeten in allen Sprachen.

Liyana ging zu Bassams Gewürzladen, um Koriander für ihre Mutter zu kaufen. Sie brauchte irgendeine nützliche Beschäftigung, um das Gefühl zu haben, zu Hause zu sein. Also hatte sie tatsächlich ihre Mutter gefragt, ob sie ihr etwas besorgen solle.

Bassam lächelte, als Liyana hereinkam. Sein Laden war ein Durcheinander von schönen Düften. Sie kamen aus Gläsern, Fässern und kleinen Säcken mit Gewürzen. Bassam wog alles, was man von ihm haben wollte, auf einer uralten Waage ab, die aussah, als stamme sie noch aus biblischen Zeiten. Er legte einige Gewichte in die eine Schale und einen Löffel Koriander in die andere. Dann schüttete er ihn durch ein Papierröllchen in einen braunen Beutel, den er am oberen Ende zweimal zusammenfaltete. »Und wie geht es dir hier?« fragte er sie. »Findest du dich zurecht?«

Er gab ihr einige frische Kardamomsamen, die noch in ihren Schoten waren. Ein Geschenk.

Sie zeigte auf sein Elefantengott-Plakat. »Ich habe von Ganesha gehört«, sagte sie.

Er strahlte und meinte: »Er ist mein Freund!«

Sie unterhielten sich gerade über das armenische Quartier und den besten Musiksender im Radio, als ein Mann mit dem jüdischen Gebetskäppchen auf dem Kopf vorbeiging und Liyana laut auf Hebräisch ansprach.

Natürlich verstand sie ihn nicht. Sie war sich nicht einmal klar darüber, daß er mit ihr redete. Aber Bassam bedeutete ihr, sich umzudrehen.

»Was?«

»Warum gibst du dich mit diesen Tieren ab?« sagte der Fremde auf englisch und zeigte auf Bassam. »Sei vorsichtig. Trau den Tieren nicht. Geh besser in die Geschäfte in unserem Teil der Stadt.«

Es schien ihn überhaupt nicht zu kümmern, ob Bassam, der sehr gut Englisch sprach, ihn verstand.

Liyana begannen die Beine zu zittern. Sie öffnete ihren Mund ganz weit, brachte aber keinen Ton heraus. Sie dachte, sie hätte Fieber und würde jeden Moment ohnmächtig zu Boden sinken.

Bevor er sich umdrehte und selbstzufrieden wegging, sagte der Mann noch: »Sei nicht dumm.«

Später fragte sich Liyana, warum sie ihm nicht das Gewürzsäckchen um die Ohren geschlagen hatte, bis der Koriander seine Augen eingehüllt hätte.

Bassam sagte kein Wort. Er wandte sich ab und war damit beschäftigt, Gewürzkrümel vom Tisch zu fegen.

Den ganzen Nachhauseweg über klangen ihr die Worte durch den Kopf, die sie nicht gesagt hatte. »Ich bin auch so ein Tier! Und ich bin stolz darauf, so ein Tier zu sein!«

Sie konnte Poppy nichts erzählen, sie hatte das Gefühl, ihn verraten zu haben.

Was, überlegte sie, hätte Sitti gesagt?

Sitti hätte wahrscheinlich geheult wie ein Kojote.

Rafiks Wünsche

Zum Abendessen war eine deutsche Archäologin angekündigt. Rafik, der wie immer Hunger hatte, flatterte durch alle Räume und meinte: »Ich will, daß sie sich beeilt. Ich will, ich will, ich will.«

»Brüderchein, du willst immer und immer«, sagte Liyana. Sie las gerade ein Buch über die Könige und Königinnen der alten Engländer für ihren Geschichtsunterricht. Das war wirklich ein unglücklicher Verein.

Rafik wünschte sich, er könne seine Hausaufgaben im Sitzen im Salzwasser des Toten Meers machen. Er wünschte sich ein Loch graben zu können, so tief, daß er eine verlorene Stadt fände. Oder eine Schriftenrolle.

Er wünschte, jemand würde ihn in einen Brunnen hinunterlassen. Als Poppy ein Junge war, wurde er an einem Seil in den Dorfbrunnen runtergelassen. Seine Tanten und Onkel hatten wissen wollen, was da unten war.

In dem muffigen Loch hatte Poppy Brettergestelle und niedrige Gänge, die über dem Wasser in alle Richtungen liefen, gefunden. Das hatte keiner erwartet. Mit dem Licht, das er mitgebracht hatte, sah er uralte Tonkrüge, die vielleicht sogar aus biblischen Zeiten stammten.

Poppy hatte ein tiefblaues Gefäß mit nach oben gebracht, das eine weite Öffnung und einen Tonverschluß hatte. Innendrin waren kleine vertrocknete Samenkörner.

Am Abend waren jede Menge Dorfbewohner zu ihnen gekommen, um den Fund zu betrachten. Sie hatten wissen wollen, wie viele Krüge noch dort unten waren.

»Hunderte.«

Es hatte eine Dorfversammlung gegeben. Was sollten sie tun?

Poppy zitterte nach lange bei dem Gedanken, daß er

auch auf Knochen, Skelette und Schädel hätte treffen können.

Und vor allem, warum hatten ihre Vorfahren die Krüge dort unten versteckt? Waren damals kostbare Öle in diesen Gefäßen gewesen? War der Brunnen ein Versteck für den Fall, daß das Dorf überfallen wurde?

Die Dorfbewohner beschlossen, niemandem etwas zu sagen. Im anderen Fall hätte keiner vorhersagen können, was über sie hereinbricht. Denn schon damals war die Landschaft übersät mit Jeeps, Fremden und seltsamen Expeditionen.

Poppy erzählte, für ihn sei der Brunnen seitdem immer mehr als ein Brunnen gewesen.

Und deshalb wollte Rafik jetzt auch etwas entdecken.

»Das ist Teil unseres Erbes«, hatte Poppy gemeint, »graben und graben und graben.«

Endlich war die Archäologin – leicht verschwitzt – angekommen, und sie machten sich über die Gurken-Minze-Suppe her. Die Frau trug ein beigefarbenes Hemd und eine goldene Halskette mit einem Anhänger, der wie eine Schaufel aussah. Sie erzählte von ihrem Projekt in der Wüste, in der Nähe von Jericho. Dort buddelte sie nun schon zehn Jahre lang in der Erde. »Dafür braucht man Geduld«, sagte sie und sah dabei Liyana an, als würde sie ihr das nicht zutrauen.

Rafik fragte, ob er sich um einen Job bewerben könne.

Sie lachte nicht, sondern bot ihm an, er könne während der Ferien mal zu ihr rauskommen. Sie würde schon was Sinnvolles für ihn finden. Zum Beispiel könne er Eimer schleppen oder die Scherben durchforschen. Liyana fing an, sich auch für die Sache zu interessieren.

»Gerade heute«, erzählte die Archäologin, »haben wir einen Haufen blauer Tonscherben ausgegraben.«

Liyana und Rafik schauten Poppy bedeutungsvoll an. Da war doch was gewesen …

Später wandten sich die Erwachsenen einer langweiligen Erörterung der Frage zu, was falsch in der Welt sei. Rafik wollte, sie sollten Schluß damit machen, viel lieber würde er über Knochen reden. Zu Liyana meinte er, immer wenn die Erwachsenen anfingen, über DIE WELT zu reden, würde die Luft ganz schwer werden. Liyana stimmte ihm zu. Manchmal war sie richtig beeindruckt von ihrem kleinen Bruder.

Sie gingen hinaus auf den Balkon und setzen sich ganz nah beieinander in den leichten Abendwind, der aus Westen wehte. Auch wenn das Mittelmeer weit entfernt hinter Bergen, Dörfern und Küstenstädten lag, meinte Liyana, sie spüre den Seewind über ihr Gesicht streichen.

»Gefällt es dir hier?« fragte sie.

Und zu ihrer großen Überraschung antwortete Rafik: »Ja.«

Er hoffte, sie würden für immer bleiben. Es gefiel ihm deutlich besser, als er erwartet hatte.

Er vermißte nicht mal das Baseballspiel im Garten. Und auf die Klavierstunden konnte er auf jeden Fall verzichten.

Zum ersten Mal kam sich Liyana vollkommen alleine vor.

Freunde

Eines Nachmittags bereitete sich Rafik für einen Vokabeltest in Englisch vor. »Wann ist jemand ein *Bekannter* und wann ein *Freund?* Wo ist die Trennlinie?« fragte er Liyana.

»Hmmmmm«, antwortete Liyana und: »Trennlinie. Na ja, du hast doch hier sicher schon jemand in der Art von Den-würde-ich-Freund-nennen, oder?«

Er dachte nach. » Sicher. Klar. Vielleicht. Dieser Ismael aus meiner Klasse, der ist schon mein Freund. Vielleicht habe ich noch ein paar, und du?«

Liyana sagte: »Hmmmmmm.« Er haßte diese Antworten.

Er haßte es, wenn sie so unentschieden war, und ließ nicht locker. Und wenn es nur ein paar Minuten dauert, bis jemand dein Freund ist? Dann wäre er doch nur ganz kurz ein *Bekannter?* Kann man das nicht auch überspringen und gleich Freunde werden? Und geht es auch andersrum? Zum Beispiel, einer ist erst dein Freund und später ein Bekannter? Wenn man sich nicht mehr sieht?

Liyana wünschte sich, daß ihre Freunde zu Hause immer ihre Freunde blieben. Sie sagte: »Ich glaube, Freundschaft ist – unwiderruflich.

»Was ist unwiderruflich? Noch ein Wort für meine Vokabelliste.«

An diesem Tag passierte etwas Schlimmes: Ein Trupp israelischer Panzer schleppte sich die Straße entlang. Liyana starrte düster aus dem Fenster. »Draußen sieht es häßlich aus.«

Aber da an jedem Horizont ein Silberstreifen zu sehen sein muß, überlegte Liyana, was sie machen könnte, um die miese Stimmung zu vertreiben. Es war nicht schwer,

Rafik davon zu überzeugen, er sollte den Bleistift fallen lassen. Sie hatte mitbekommen, daß Imm Janan, die Frau des Hausbesitzers, vor einer halben Stunde in den Bus nach Ramallah gestiegen war. Sie gingen in den Hinterhof und entriegelten die Tür zum Hühnerstall. Die Tiere kamen heraus, erst zögernd, dann in wildem Lauf, als wären sie einem Gefängnis entflohen. Ihre Flügel schlugen auf und ab. Als sie sich beruhigt hatten, pickten sie im Dreck nach Käfern und Würmern. Gab es hier Würmer, so wie zu Hause? Gab es überall auf der Welt Würmer?

Liyana beugte sie herab, um zuzuschauen, wie ein Huhn einen fetten, grünen Tausendfüßler verschlang. Rafiks Geschrei unterbrach ihre Betrachtung: »Es haut ab! Eins der Hühner ist weggeflogen!«

Die Hennen waren so fett, Liyana war ganz überrascht, daß sie fliegen konnten. Aber eine hatte tatsächlich abgehoben und war über die weißgestrichene Mauer geflogen. Rafik und Liyana ließen die anderen Hühner zurück, öffneten das Tor und rannten der Flüchtenden hinterher.

Die Straße entlang, an mächtigen Zedernbäumen vorbei, die aussahen, als hätten sie einmal auf einem Friedhof gestanden, vollführte das Huhn seinen Tanz, eine Mischung aus Flattern, Fliegen, Hüpfen und Rennen. Es fiel auf den Boden, hob dann wieder ab und war dabei so schnell, daß die Kinder nicht mitkamen. Während er rannte, wedelte Rafik mit den Armen. Liyana versuchte mitzuhalten. »Was sollen wir tun? Es ist zu schnell.«

Am Tor zum Flüchtlingslager verloren sie das Huhn aus den Augen. Liyana meinte, es wäre hineingelaufen. »O nein«, klagte sie. »Was ist, wenn es jemand einfängt und ißt?«

Rafik glaubte, die Henne wäre einfach quer durch das Lager gerannt und jetzt in Richtung des aufgegebenen Flughafen unterwegs. »Es hält sich für einen Jet!« rief er. »Es startet!«

Atemlos rannten sie den Flughafens entlang. An dem

Zaun, der mit Stacheldraht verstärkt war, auf denen in Englisch, Hebräisch und Arabisch »Nicht betreten!« stand. »Siehst du es?« rief Liyana. Aber sie sahen nur den Staub und die Risse im Beton.

Würde das Huhn bei Einbruch der Dämmerung von alleine zurückkommen, wie eine Brieftaube? Oder wie einer dieser Hunde, denen ein geheimer Radar über Tausende von Kilometern den Weg nach Hause wies? Gab es das nur im Film?

»Und was ist, wenn auch die anderen Hühner über den Zaun geflattert sind und Imm Janan zurück ist und Soldaten unser Haus umstellt haben?« fragte Liyana.

Rafik imitierte Poppy und sagte: »Du dramatisierst.«

Aber dann passierte etwas wirklich Bemerkenswertes. Während sie am Flüchtlingslager vorbei zurück nach Hause gingen, entdeckte Liyana jenseits des Durcheinanders aus Drähten, Pfosten und Barrikaden, die das Lager eingrenzten, zwischen den Wäscheleinen und heruntergekommenen Hütten einen großen rothaarigen Jungen, der ihr Huhn im Arm hielt. Er streichelte es und hatte den Kopf ganz nah zu ihr hinuntergebeugt.

»Hallo!« rief Liyana. »Hallo! *Marbara!«*

Der Junge schaute auf und grinste. Er rief etwas auf arabisch, das Rafik und Liyana nicht verstanden. Dann kam er durch das Lagertor und sagte schüchtern: »Hallo. Ist das – euer Vogel?«

»Die«, antwortete Rafik. »Es ist eine ›Die‹, eine Henne.« Liyana wäre nie auf die Idee gekommen, in dieser Situation mit einer theoretische Erklärung zu antworten. Sie war so erleichtert, den unternehmungslustigen Vogel wiederzusehen, daß sie voller Begeisterung die Hand zur Begrüßung ausstreckte.

»Ana Liyana«, sagte sie auf arabisch: Ich bin Liyana. Das gefiel ihr, es klang so ordentlich.

Der Junge antwortete: *»Ana Khaled.«*

Und Rafik sagte: *»Ana Rafik.«*

»Ihr sprecht – Arabisch?« fragte Khaled.

Rafik antwortete: »Noch nicht. Aber du sprichst Englisch.«

»Vielleicht.«

Liyana und Rafik lachten. Rafik fragte: Was heißt *vielleicht* auf arabisch?«

»Yimkin.«

Ein junges Mädchen mit dicken roten Locken kam auf sie zugerannt. Sie trug ein paar weite Hosen und ein rosa T-Shirt, auf dem Donald Duck zu sehen war. Khaled sagte: »Das ist Nadine. Meine – Bruder.«

»Nein. Deine – Schwester«, sagte Rafik.

Die Henne versuchte verzweifelt zu entkommen. Der kurze Ausflug in die Freiheit hatte sie auf den Geschmack gebracht. Khaled schien keine Probleme damit zu haben, sie Liyana zurückzugeben.

»Ihr – Touristen?«

»Nein. Wir wohnen in dem Haus da drüben.« Liyana zeigte die Straße entlang. »Wollt ihr mal rüberkommen und uns besuchen?«

Khaled schaute seine Schwester an, der das sehr zu gefallen schien. »Ihr seid – *Araby?«*

Jetzt hatte Liyana die Gelegenheit, ihr neues arabisches Lieblingswort zu benutzen: *»Nos-nos.«* Halb-und-halb. Irgendwie klang es auf arabisch besser.

Khaled und Nadine schien das zu gefallen. Sie gingen mit ihnen die Straße entlang und tätschelten dabei immer wieder das Huhn in Liyanas Armen. Khaled und Nadine zeigten auf die anderen Hühner, die im Hof herumflatterten, und sagten *»Alham'dul Allah!«,* was ›Gesegnet sei Gott‹ bedeutete und das Araber bei jeder Gelegenheit zu sagen schienen.

»Kommt zurück«, sagte Rafik zu ihnen. »Kommt bald mal rüber.«

Es kostete einige Mühe, die anderen Hühner einzufangen und in ihrem Käfig zu verstauen. Liyana und Rafik mußten immer noch kichern, als Imm Janan vollbepackt mit Einkaufstüten vor ihrem Haus aus dem Bus stieg.

»Khaled und Nadine«, sagte Liyana. »Sie sind nett. Jetzt sage mir, sind sie Bekannte oder Freunde?«

Unsichtbar

Schon als Kind hatte sich Poppy einen Hut gewünscht, der ihn unsichtbar macht.

Wo würde er hingehen, wenn er ihn hätte? Wohin würde er reisen?

»In die Räume, in denen große Entscheidungen getroffen werden«, sagte er sehr ernst. »Ich würde mir anhören, was die Leute reden, wenn sie denken, daß sie keiner hören kann. Wenn sie Entscheidungen treffen, die für viele Menschen wichtig sind. Ich würde ihr Gewissen sein, ganz zart an ihnen zupfen. Dann hätte es schon lange Frieden für Jerusalem gegeben.«

Rafik sagte: »Ich wäre gerne wie Superman. Ich würde das Verbrechen und die bösen Mächte bekämpfen, und sie würden mich nicht mal sehen.«

Als Poppy zu seiner Frau sagte: »Jetzt ziehst du den Hut auf – wo gehst du hin?«, wurde sie ganz verträumt. Sie wollte zu Füßen der großen Musiker und Opernsänger sitzen, wenn die probten. Sie würde ihre Triller und Tonleitern aufsaugen, die vollkommen getroffenen Töne. Oder sie würde in Mutter Teresas Tasche mitreisen, um zu sehen, wie man selbstlos anderen hilft.

»Mom«, sagte Liyana, »das tust du doch schon.«

»Nein«, antwortete sie lächelnd. »Das tue ich nur für euch. Ich könnte mehr tun.«

Was würde Liyana machen? Sie würde den Hut aufsetzen, zum Flughafen fahren und das erste Flugzeug nach Amerika nehmen. Sie würde in der Ersten Klasse sitzen und sich nach dem Essen auf dem Tablett mit richtigem Besteck und Porzellantellern zusammenrollen.

»Dann hoffen wir mal«, meinte Rafik, »daß der Hut dich auch kleiner machen kann, so groß wie einen Salzstreuer. Sonst fällt das Tablett um.«

Danach würde Liyana sich in ihrer alten Nachbarschaft umschauen, unsichtbar wie Pollenstaub. Sie würde so gerne wissen, wer noch von ihr redete.

Vielleicht hatte man sie ja völlig vergessen.

Sie würde durch Mrs. Manninos Küchenfenster kommen und zuschauen, wie das Geschirr gespült wurde. Sie erinnerte sich noch genau an Mrs. Manninos Kaffeetassen, aus denen sie, Claire und Kelly Mannino gewürzten Apfelsaft getrunken hatten.

Sie würde Peachy Helen in ihrem Schlafzimmer beobachten, wie sie den Morgenrock aus Satin zuknöpfte. Und ihre unsichtbaren Finger würden Rhythmen schnipsen, die Poppy ihr beigebracht hatte, als sie ganz klein war. ›Jack, beweg dich flink, spring über den leuchtenden Ring!‹ Wo war Jack jetzt?

Warum leuchtete nichts?

Kein Fleisch mehr

Poppy war mit dem Bus zur Arbeit gefahren, damit Susan Rafik vom Fußballtraining abholen konnte. Liyana begleitete sie. Auf dem Weg hielten sie bei einer Metzgerei, um ein Hähnchen für das Abendessen zu kaufen. Liyana war in Jerusalem noch nie in einer Metzgerei gewesen. Sie folgte ihrer Mutter in den Laden, der vollgestopft war mit übereinandergestapelten Gitterkäfigen und stank.

Die Hühner in den Käfigen lebten noch, aber wie! Eng zusammengepfercht gackerten sie hysterisch in ihren Gefängnissen. Das waren keine nackten, enthaupteten und sauberen Fleischpakete, die ordentlich in Plastik verpackt in der Kühltruhe eines Supermarktes lagen. Hier wurden keine Beinchen, kein Brustfleisch und Gerippe zum Suppekochen angeboten.

Zwischen den Stäben der Käfige steckten Daunenfedern. Liyana zog eine Feder heraus und strich mit dem Finger darüber. Sie schauten sich an. Liyana und die Hühner.

Liyanas Mutter atmete tief durch und sagte: »*Wahad, minfadlack.*« ›Eins bitte.‹ Poppy hatte ihr die Begriffe beigebracht, mit denen sie einigermaßen durch den Tag kommen würde. Sie schien den Tieren nicht ins Auge schauen zu können. Wenn man wollte, konnte man sich sein Huhn selbst aussuchen. Liyanas Mutter wollte aber nicht.

Sie wandte sich ab und starrte auf die Straße, während der Metzger einen Käfig öffnete und ein besonders aufgeregtes weißes Huhn packte. Liyana wollte auch wegschauen, konnte aber nicht. Der Mann packte das Huhn grob an den Füßen; es schrie auf. Dann schwang er es abrupt hoch, wobei der Kopf nach unten hing. Es geriet in einen Schockzustand und blieb regungslos hängen. Dann warf er es auf einen blutigen Holzklotz, griff nach dem großen Messer und schnitt den Kopf ab.

Liyana hatte sich nicht mehr unter Kontrolle. »NEIN!« Sie riß die Arme hoch, als wollte sie den Mann schlagen.

Ihre Mutter packte sie an der Schulter. »Laß das!«

Liyanas Augen füllten sich mit Tränen.

Hunderte Mal hatte sie schon Hähnchen gegessen, aber so etwas noch nie gesehen. *Das passiert immer wieder und immer wieder*, dachte sie.

Der Körper des Huhns zitterte und zuckte noch, nachdem der Kopf abgetrennt war. Dann bewegte sich nichts mehr. Der Metzger drehte sich um, steckte das Huhn in einen dampfenden Topf und rupfte dann geschickt die Federn ab; was übrigblieb, packte er in weißes Papier.

Hatte Liyana sich das nur eingebildet, oder schwiegen die anderen Hühner in diesem Augenblick? Hing ein Hauch des Grauens in der Luft? Jedesmal, wenn jemand in den Laden kam, mußten die Hühner um ihr Leben fürchten.

Ich bin dran.

Die Leute mochten sagen, Hühner könnten sich keine Sorgen machen, aber irgendwie schienen sie zu fühlen, was los war.

In diesem Moment, in dem Gestank des Ladens, während ihre arme Mutter dem Metzger das Geld gab und mit gepreßter Stimme »*Shookran*« sagte, wurde Liyana zur Vegetarierin.

Susan hatte noch Gewürze, die sie aus St. Louis mitgebracht hatte. Damit würzte sie das Huhn und servierte es mit Reis. Liyana nahm sich nur den Reis.

»Warum ißt du nichts von dem Huhn?« fragte Poppy.

Rafik brüllte: »Liyana macht eine Diät. Jemand hat ihr gesagt, sie hätte Hamsterbacken!«

Liyana hielt ihre Gabel aufrecht wie ein Zepter. »Es ist tot«, verkündete sie mit lauter Stimme. »Und es wollte nicht sterben.«

Rafiks Aufsatz über Liyana

Meine Schwester ist ein ganz ungewöhnlicher Mensch, und ich glaube nicht, daß sie was dagegen hat, wenn ich das sage. Sie liest sehr gerne und läuft rum und redet mit sich selber. Oder sie bleibt ganz lange stumm und starrt etwas an, zum Beispiel ein Ei.

Sie hat eine ganz primitive Frisur und trägt fast immer dieselben drei Hemden und Blue Jeans, oder immer wieder denselben Rock. Sie sagt, sie wird nie im Leben zu einem feinen Friseur gehen oder Make-up tragen. Und wenn ich ihr hundert Dollar gäbe, sie wird sich die Fingernägel nicht rot anmalen. Sie sieht jünger aus, als sie wirklich ist, fast fünfzehn.

Sie braucht nicht viele Sachen, um glücklich zu sein. Geld ist ihr am wenigsten wichtig. Sie sagt, was sie am meisten am Erwachsenwerden fürchtet, ist, daß sie dann an das Geld denken muß, und das will sie nicht. Ich habe ihr gesagt, ich werde ihr Banker. Ich selber beschäftige mich sehr gerne mit Autos, ihren technischen Einzelheiten und was sie kosten. Meine Schwester aber interessiert nur, wohin sie fahren. Sonst will sie nichts wissen. Ich bin auch besser mit dem Computer als sie, aber hier haben wir sowieso keinen. Mein Vater hat ihn verkauft, als wir umzogen. Meine Schwester ist an keinem der tollen Programme interessiert. Sie will nur wissen, wie man tippt.

Meine Schwester und ich kämpfen selten, aber manchmal wird sie sauer auf mich, zum Beispiel, als wir noch in St. Louis wohnten und ich ihre Liste »Gründe gegen das Erwachsenwerden« entdeckt hatte, auf der so Sachen standen wie: »Sie vergessen, was für ein Gefühl das ist, wenn man zum ersten Mal einen Hasen sieht« und »Sie sind immer beschäftigt und halten sich an ihre Pläne«. Ich habe das mit einem Magnet am Kühlschrank festgemacht, und unsere Eltern haben es beide gelesen. Sie haben gedacht, Liyana hätte dabei an sie gedacht.

Vielleicht sollte ich besser nicht darüber reden.

Rafik Abboud

Der neunundzwanzigste Tag in der Schule

»Die Leute reden über den ersten Schultag, sie reden über den letzten Tag in der Schule, aber sie sprechen nie über den neunundzwanzigsten Tag«, meinte Liyana zu Rafik. Sie saßen auf der kurzen Mauer im Hinterhof und knackten Kürbiskerne mit ihren Zähnen, Die leeren Schalen wurden in die Lilien gespuckt.

Liyana hatte die Tage gezählt. Ihre armenischen Freunde, Freunde seit neunundzwanzig Tagen, waren sehr nett zu ihr. Sie schienen richtig froh darüber zu sein, daß sie bei ihnen war. Lag es daran, daß die Neue auch neuen Schwung mitbrachte? Es gefiel ihnen, wenn Liyana im Schulhof die Lieder mitsang, die sie im Radio hörten. Sie hatte nie Probleme damit gehabt, vor anderen Leuten zu singen. Warum sollte Singen peinlicher sein als Reden?

Sie hatte gelernt, daß von ihnen erwartet wurde, gerade zu stehen, wenn ein Lehrer in den Raum kam. Sie versuchte die Hacken zusammenzuschlagen, wie Dorothy in *Der Zauberer von Oz*. Sie hatte mitbekommen, daß armenische Jungs Draufgänger waren und ein verschmitztes Funkeln in den Augen hatten. Ein Junge namens Kevork sagte: »Wir haben gehört, die Amerikaner sind wild. Bist du wild?«

Am neunundzwanzigsten Tag hatten Liyanas Papiere ordentliche Überschriften, und ihre marineblaue Uniform hatte ihren hellen Schimmer und die scharfen Bügelfalten verloren. Ihr silberner Ring steckte in der Tasche, und sie steckte ihn an, sobald sie die Schule verlassen hatte. Am neunundzwanzigsten Tag vergaß sie, ihn am Morgen abzustreifen, und die ›Direktorin‹ ging auf sie los, als die Mädchen bei der morgendlichen Kontrolle in Reih und Glied standen.

Am neunundzwanzigsten Tag kontrollierte der Lehrer die Anwesenheit anhand der Nachnamen: Hagobian, Melosian, Tembeckjian, Yazarian, Zakarian. Liyana war die letzte, obwohl *Abboud* nach dem Alphabet als erstes hätte aufgerufen werden sollen. Sie war das P.S. in der Reihe. Ihre neuen Freunde setzten ein -ian an ihren Namen, *Abboudian*, um sie auf den Arm zu nehmen.

Am neunundzwanzigsten Morgen diskutierte die Klasse gleichschenklige Dreiecke, als wären sie gerade erfunden worden. Babgen Bannanyan bekam Ärger, weil er schon drei Tage hintereinander sein Geschichtsreferat über den Koloss von Rhodus nicht dabei hatte.

Mr. Bedrosian, der Englischlehrer (der es gerne hörte, wenn seine Schüler ihn mit ›Professor‹ ansprachen, als wären sie auf der Universität), trug seinen grauen Anzug. (Außerdem hatte er noch einen schwarzen.) Überall hingen kleine Fäden, am Saumrand und den Knöpflöchern. Ein bißchen Pflege hätte ihm gutgetan. Mr. Bedrosian sprach voller Ehrfurcht und mit bebender Stimme über William Blake und John Keats,wobei Liyana es lieber gesehen hätte, wenn er etwas Moderneres für den Unterricht auswählen würde. Liyana fragte sich, ob er alleine lebte.

Am neunundzwanzigsten Tag waren sie alle damit beschäftigt, leise einen Text zu lesen, als unter dem offenen Fenster ihres Klassenraumes ein Beerdigungszug vorbeikam. Die Schüler hörten, wie die dumpfen Stimmen der Trauernden immer lauter und lauter wurden. Liyana wußte erst nicht, was die Stimmen, die immer näher kamen, bedeuteten. Sie ging ans Fenster und schaute direkt in das Gesicht der Toten, dem ersten toten Menschen in ihrem Leben.

Hoch über den Köpfen der Trauernden wurde in einem offenen weißen Sarg der winzige Körper einer Frau getragen. Ihr Kopf war klein und scharf geschnitten, umrahmt von bleichem gewellten Haar. Die Haut um die

Augen wirkte durchsichtig. Liyana war wie gebannt. Hatte die tote Frau Geometrie studiert? Hatte sie ein glückliches Leben gehabt?

Mr. Bedrosian sagte: »Setzten Sie sich bitte, Miss Abboud.«

Am neunundzwanzigsten Tag wußte Liyana genau, wohin sie zum Mittagessen gehen würde, entweder zu dem Händler, der mit dem großen Blech auf dem Kopf in den sonnigen, von Mauern umgebenen Hof kam. Bei ihm kaufte Liyana das Sesambrot, das sie mit hartgekochten Eiern und Käse aß. Oder sie ging mit ihren Freunden nach Hause, wo die Mütter zusammengefaltete Spinattaschen für sie vorbereitet hatten. Hier, in dem langsamsten Flecken Erde, hatten sie ganze anderthalb Stunden Mittagspause.

Sie konnte auch alleine die Straßen des armenischen Quartiers entlanglaufen, um jenseits davon in den Geschäften zu stöbern. Sie stellte sich vor, sie lebte in einer anderen Zeit. Sie machte die Augen schmal, um besser sehen zu können. Besonders gut schmeckten die Pittas mit Fallafeln von *Musas Fallafel Haus.*

Am neunundzwanzigsten Tag zeigte Liyana französischen Touristen den Weg, und sie trug einer alten Frau einen schweren Sack voll Zwiebeln die steilen und schiefen Treppen hinauf.

Am neunundzwanzigsten Tag kam sie nach der Mittagspause nicht pünktlich zurück in die Schule. Sie mußte die ganze Zeit an die tote Frau denken. War sie plötzlich gestorben? Es waren jede Menge Leute bei ihrem Trauerzug dabeigewesen.

Liyana lag außerhalb des Schulgeländes auf einer niedrigen, hinter einem Gestrüpp von Weinreben verborgenen Mauer. Ihr Kopf badete im Sonnenlicht. Sie dachte: *Wie nah ist doch dieser friedliche Platz, während wir jeden Tag eingeschlossen sind.*

Aus dem Klassenraum drangen Stimmen über die

Hecke. Sie hörte, wie im Stockwerk der Kindergarten-Kinder der Arabischlehrer mit einem kurzen Stock den Rhytmmus auf die Lehne eines Stuhls schlug. So brachte er den Kleinen noch einen weiteren sinnlosen Satz bei. *Bitte gib mir den Blasebalg für mein Feuer.* Liyana hätte am liebsten gerufen: ›Wer hat denn noch einen Blasebalg?‹

Liyana wollte gerne nützliche Sachen lernen: *Baum, Stumpf, Suppe, Wolke.* Sie hätte am liebsten gesagt: ›So nicht! Schnell raus hier!‹

Am neunundzwanzigsten Tag nickte sie als Entschuldigung mit dem Kopf, als sie in die Klasse kam.

Die Kindergartenkinder starrten sie jedesmal verwundert an, wenn sie nach der Mittagspause für fünfzig Minuten bei ihnen auftauchte und sich hinter einen der winzigen Schreibtische zwängte. Alle schauten in ihre Richtung. Sie kam sich wie eine Riesin vor, die ihre Heimat verloren hatte. Die Kleinen trugen weiße Schürzen, ihre Wangen hatten Pfirsichhaut und glühten. Sie mußten Liyana für eine sehr schlechte Schülerin halten.

Manchmal, wenn sie eine Frage nicht beantworten konnte und nur dastand und schwieg, flüsterten die Kleinen ihr etwas zu, um ihr auf die Sprünge zu helfen. Sie konnte ihnen nicht einmal sagen, wie dankbar sie war. Der Lehrer, der nach abgestandener Asche stank, schlug auf die kleinen Handrücken der Kinder, wenn sie einen Fehler machten. Über die rosigen Wangen liefen dann Tränen. Liyana schlug er nicht, selbst nicht nach der Verspätung am neunundzwanzigsten Tag, und obwohl sie mehr Fehler als die anderen machte. Hatte er Angst, sie würde zurückschlagen? Das würde sie ganz sicher.

Liyana war dabei, einen Brief an die englisch-arabische Zeitung in Jerusalem zu entwerfen, in dem sie ausführen wollte, daß diese Methode primitiv und unakzeptabel sei. Würde sie von der Schule fliegen, wenn der Brief abgedruckt wird?

Am neunundzwanzigsten Tag beschloß Liyana, daß sie

bereit war, Jackson zu vergessen, wenn Atom, der Junge aus ihrer Klasse, der direkt gegenüber auf der anderen Seite des Gangs saß, ihr ein wenig mehr zulächeln würde.

Was man in Jerusalem kaufen kann

Man kann graue Kladden kaufen, deren weiche Deckel genau die richtige Größe für ihre Tasche haben. Es gefiel Liyana, daß die Umschlagseite auf der für Europäer und Amerikaner falschen, nämlich der Rückseite war. Sie fing sogar an, von hinten nach vorne zu schreiben.

Man kann Postkarten kaufen, die die Altstadt hinter den goldenen Mauern zeigen und das Innere des Felsendoms, aufgenommen mit einer Fischaugenlinse, und die zerfurchten Olivenbäume aus dem Garten von Gethsemane. Im Souvenirladen des American Colony Hotels entdeckte Liyana einige angestaubte Schwarzweiß-Postkarten, auf denen ›Palästina‹ stand, und kaufte sie sofort. Sie zeigten Kamele, steile Felsen, den Jordan-Fluß (eher ein etwas breiterer Bach) und Beduinen, die mit ihren Eseln vor ihren Zelten standen. Man kann mundgeblasene Glasvasen kaufen, Rosenkränze aus Olivenholz und cemigweiße Anstecker mit einem Stern aus Perlmutt; in Bilals Schneidergeschäft bekommt man schweren Brokatstoff von dicken Ballen. Liyana fuhr gerne mit den Fingern über den Brokat. Bilal schenkte ihr manchmal Reststücke. Bilals Vater war vor langen Jahren mit Poppy auf der Schule gewesen. Sie könnte einmal seinen Laden übernehmen, meinte Bilal. Er habe nicht vor, zu heiraten oder Kinder zu haben.

Warum nicht?

Weil ich zu häßlich bin.

Er war nicht häßlich.

Wenn er es nicht mitbekam, starrte Liyana ihn an.

Man kann für wenig Geld Safran kaufen, das Gewürz, das in amerikanischen Läden ein Vermögen kostet. Man kann auch kleine Flacons mit *heiligem Öl* oder verzierte Krüge mit Wasser aus dem Jordan (›Nur zum äußeren Gebrauch, nicht trinken!‹) kaufen. Auf der Verpackung gibt es Echtheitszertifikate in Arabisch, Englisch und Deutsch, ausgestellt vom Bischof der arabischen Episkopal-Kirche in Jerusalem.

Fragte man nach dem Preis, sagten die Verkäufer: »Für *dich* nur ...« und taten so, als bekäme man einen besonders günstigen Preis. Aber es war klar, *Freundschaftspreise* bekamen alle.

Die Vorführung

Liyana kämmte sich das lange nasse Haar auf dem vorderen Balkon, wo der Luftzug süß wie Olivenöl schmeckte. Am anderen Ende der Straße bauschten sich auf dem Dach der Nachbarn große weiße Laken auf den Wäscheleinen wie Fallschirme auf. Liyana fragte sich, ob Jackson inzwischen schon ein anderes Mädchen im gleichen Kino geküßt hatte. Sie versuchte, sich daran zu erinnern, wie sein steifer, weißer Hemdkragen vom Hals abgestanden hatte. Ob Claire schon eine neue ›beste Freundin‹ hatte? In ihrem letzten Brief, auf blauem Luftpostpapier geschrieben, stand nichts davon. In der Ferne sah Liyana ein rothaariges Mädchen mit etwas Großem im Arm durch das Flüchtlingslager rennen. War das Nadine? Dann rief Poppy, sie solle sofort reinkommen.

»Bitte«, sagte er drängend, »Stell dich nicht öffentlich zur Schau. Du machst ja eine Vorführung daraus. Kämm dich in deinem eigenen Zimmer! Mach das nicht da draußen, wo dich alle Taxifahrer und Hirtenjungen sehen können.«

Manchmal klang er, als würde sie ihm das Herz brechen.

Liyanas Vater sprach von ›Hirtenjungen‹, als gäbe es sie noch an jeder Ecke.

Hin und wieder schlich sich im Dorf ein uralter Schäfer in seinem staubigen, brauen Mantel an Sittis Haus vorbei und schlug mit seinem Stock auf die Steine. Er schaute nicht einmal auf, wenn Liyana und Rafik ihm aus dem Hausflur heraus nachstarrten. Ihn interessierten nur seine Ziegen und Schafe, die rot bemalte Hintern hatten, damit er sie, falls sie auf eine andere Herde trafen, unterscheiden konnte.

Poppy aber benahm sich, als wäre ihre moderne Wohnung an der Straße nach Ramallah immer noch von Schafen und Hirten umgeben.

Vielleicht, so überlegte Liyana, hat er Angst, daß mich ein Hirtenjunge sieht, sich verliebt und um meine Hand bittet. Niemals werde ich meine Hand hergeben.

Manchmal hörte sie, wie ihr Vater zu den Verwandten »Wir sind Amerikaner« sagte.

Amerikaner?

Selbst Poppy, der doch bisher immer ein Araber gewesen war?

Natürlich war klar, daß ihre Mutter Amerikanerin war; aber sie und Rafik balancierten auf einem dünnen Seil. Liyana hüpfte von einer Seite auf die andere.

In dem Augenblick, als Poppy ihr gesagt hatte, sie solle das Haar nicht mehr auf dem Balkon bürsten, kippte sie auf die amerikanische Seite. Wenn ich jetzt zu Hause und am Strand wäre, könnte ich im Badeanzug durch den Sand laufen, und niemand würde Notiz davon nehmen. Ich könnte in kürzesten Shorts händchenhaltend mit einem Jungen über die Straße gehen, ohne ein Erdbeben zu verursachen. Ich könnte in aller Öffentlichkeit mein nasses Haar kämmen, und das hundert Jahre lang und noch länger.

Angeleuchtet

»Deinetwegen bekomme ich immer Ärger«, seufzte Liyanas Freundin Sylvie, als sie wieder einmal mittags von der Schule aus zum Fallafel-Stand gingen. Am Morgen hatte Liyana Sylvie dazu überredet, sich der Direktorin zu widersetzen, die verlangt hatte, sie solle eine Haarklammer, die wie ein Schildkrötenpanzer aussah, abnehmen. Liyana hatte geflüstert: »Das ist lächerlich! Sag nein!«, und Sylvie preßte mit dünner Stimme ein »Nein« hervor, was ihr einen bösen Brief nach Hause und Nachsitzen einbrachte.

Sylvie zeigte auf den Armenier, an dessen Gürtel ein riesiger Schlüssel baumelte, mit dem er jeden Abend um zehn das Tor zum armenischen Viertel abschloß. Geöffnet wurde es dann wieder erst um sechs Uhr morgens.

Sylvie erzählte: » Letzte Woche war ich in einem Film in der Britischen Bibliothek. Es war spät. Der Mann sah mich kommen, aber es war schon eine Minute nach zehn, und er schloß das Tor vor meiner Nase ab. Er ließ mich nicht mehr rein! Ich mußte zu Fuß zum Haus meiner Tante in West-Jerusalem laufen, um irgendwo schlafen zu können. Was für ein Weg! Und meine Mutter war sauer! Sie sagte, jetzt darf ich nicht mehr ins Kino.«

Liyana ging zu dem Mann und fragte: »Warum wird das Tor geschlossen? Kein anderes Viertel wird zugemacht.«

Er schaute sie an, als wäre sie eine Kriminelle, die etwas auskundschaften wollte. »Sicherheit!« sagte er brummig und wandte sich ab. Liyana haßte dieses Wort. Sylvie war das alles peinlich, und sie ging alleine zur Schule zurück, obwohl noch Zeit war. Vielleicht war es auch nur eine Ausrede und sie mußte noch schnell Hausaufgaben machen.

Neben dem Eingang zum armenischen Viertel, dort, wo es zum Jaffator ging, war das Geschäft der Familie Sandrouni, ein berühmter Keramikladen. Poppy hatte Liyana darauf aufmerksam gemacht, als gehörte er zu den Sehenswürdigkeiten der Stadt. Die Sandrounis brannten wunderschöne blaue Kacheln, Lampen und Vasen und bemalten sie.

Liyana, die sich ohne Freundin plötzlich ganz einsam vorkam, sah eine Gruppe Touristen in den Laden gehen; sie machte kehrt und schloß sich ihnen an. Niemand kümmerte sich um sie.

Die Touristen fingen an, wie die Verrückten zu kaufen. Sie gestikulierten und wedelten mit ihren Kreditkarten. Sie sprachen eine Sprache, die Liyana nicht verstand. – Dänisch? Holländisch?

Liyanas Blick fiel auf eine kleine, hübsche grüne Lampe, genau in dem Grün des Grases, das Liyana hier vermißte. Wer denkt schon an Gras, wenn man davon reichlich hat? Wer kann sich vorstellen, daß man eine Farbe vermißt? Die Lampe wäre ideal, um Licht zu haben, wenn sie im Bett lesen wollte.

Dann schaute sie auf das Preisschild. Sie konnte nichts erkennen, weil die Zahlen nur aus Kringeln und Schnörkeln bestanden. Hinter dem Ladentisch stand ein Junge mit verschränkten Armen. Liyana machte ihm ein Zeichen. Er hob die Augenbrauen und kam zu ihr herüber.

Er duftete nach Zimt. Wahrscheinlich war er ein oder zwei Jahre älter als sie.

»Bitte, wieviel kostet das hier? Kannst du das lesen?«

Er starrte auf ihre Schuluniform. Sein Englisch war fließend. »Du gehörst nicht zu – denen da?«

Er zeigte auf die Gruppe.

»Natürlich nicht!«

»Zu wem denn?«

»Ich gehöre zu mir.«

Er lächelte freundlich. »Ich auch, ich gehöre auch zu mir. Das gefällt mir – ich gehöre mir.«

Sein Haar lag nach hinten wie die Wellen im Meer.
»Wirklich?«
»Fast immer.«
»Und ist das nicht langweilig auf die Dauer?«
»Nie.«
»Fehlen dir dann nicht – andere Leute?«
Er sah auf das Gedränge im Laden. »Wie sollte – überall sind andere Leute.«
Sie lachten beide.
»Gehst du noch zur Schule?« fragte Liyana.
»Natürlich.« Er grinste. »Ich bin ein Gelehrter. Und mache jeden Tag meine Hausaufgaben. Aber jetzt – esse ich zu Mittag.«
»Ich auch«, sagte sie. »Ich esse auch zu Mittag.«
Keiner von beiden hatte Essen in der Hand.
»Ganz im Vertrauen«, sagte er, »ich kann das Schild auch nicht lesen.«
Er fragte ein Familienmitglied, der etwas in der Größenordnung von fünfundsechzig Dollar haben wollte. Zuviel!
»Danke.«
»Willst du sie haben?«
»Na ja, ich will sie schon haben, aber ich kann sie mir nicht leisten. Vielleicht im Schlußverkauf.«
Der Sandrouni-Mann legte dem Jungen die Hand auf die Schulter. »Hat er dir Märchen erzählt? Hat er versprochen, dir meine gesamte Ware zum halben Preis zu verkaufen?«
Liyana lachte, verabschiedete sich von beiden und ging hinaus. Bei Abu Musa bruzzelten die Fallafeln im Fett. Abu Masu schnitt eine Pitta auf und stopfte heiße, knusprige Fallafeln hinein. Liyana schlang sie runter. Sie war fast am Verhungern gewesen.
Am Abend sagte sie beim Essen: » Poppy, heute habe ich mich in eine Lampe verliebt.«

Interview mit Sitti

In Amerika hatte es in der Schule immer ›Oral History‹-Aufgaben gegeben. Liyana und ihre Klassenkameraden mußten dann ältere Verwandte oder Nachbarn fragen, wie die Welt früher gewesen war. *Was habt ihr gegessen? Welche Medizin hatte deine Mutter gegen Kopfschmerzen?* Sie konnten die Antworten aufschreiben oder auf Band aufnehmen, dann sollten sie die interessanten Teile auswählen und daraus ein Referat machen.

Liyana hatte sich natürlich immer Peachy Helen ausgewählt. Die aber hatte gemeckert: »Herzchen, glaubst du, ich kann mich so weit zurückerinnern? Ich weiß ja kaum noch, was gestern gewesen ist. Vergessen wir das und essen ein paar Hörnchen mit Zitronencremefüllung, was meinst du?«

Liyana durchstöberte dann einige Schubladen und zog ein silbernes Armband hervor, auf dem Indianerzelte und Kanus eingraviert waren, dazu staubige Puderdöschen, und hoffte so, der Erinnerung ihrer Großmutter auf die Sprünge zu helfen.

In der Regel lief es darauf hinaus, daß sie mit Frank redete, einem Nachbarn, der immer einen blauen Overall trug und sich auf Automotoren und organische Landwirtschaft spezialisiert hatte. Aber auch er erinnerte sich kaum an seine Kindheit oder wollte sich nicht erinnern.

Sitti erinnerte sich an alles. Sogar daran, daß einmal ein Trupp Türken auf dem Weg nach Süden an Jerusalem vorbeiritt und den Kindern gesagt wurde, sie sollten sich in den Graben legen, damit sie nicht von den Pferden zertrampelt würden.

Das Problem war nur, daß Liyana sich mit Sitti nur unterhalten konnte, wenn Poppy dabei war. Im Arabischunterricht in der Schule war Liyana gerade bei den Farben angekommen: *fidda* war Silber und *urjawaani* war violett.

Sitti auf jeden Fall war glücklich, wenn Poppy dabei war. Sie streichelte ihm den Handrücken, bis es ihm peinlich wurde. Er war das letzte ihrer acht Kinder gewesen, und eigentlich war sie über das Alter hinaus, in dem Frauen Kinder bekamen.

Am Samstag überprüfte Liyana ihren Kassettenrecorder und ließ sich auf die Matratze neben Sitti fallen. Draußen regnete es leicht. Sitti saß vor dem Ölofen und knackte Mandeln. Liyana zog ihre blauen Birkenstock-Sandalen aus, Sitti griff nach einer und drehte die Sohle nach oben. »Die ist zu fett«, sagte sie auf arabisch.

Erzähl mir eine Geschichte.

»Worüber?« Sitti lachte und bot Liyana eine Aprikose an. *Die ganze Welt besteht aus Geschichten. Geschichten sind das einzige, was uns am Boden hält!*

Da sie wußte, daß Sitti gerne darüber redete, bat Liyana um eine »Geschichte mit Engeln«. Poppy schaute sehr skeptisch, während er übersetzte. Er hielt dieses Engel-Gerede für Schwachsinn.

Sitti betrachtete Liyanas Kassettenrecorder, als wäre er ein Tier, das sie mit seinen winzigen Zähnen beißen würde. Aus der Ferne hörten sie einen Hauch von Musik, die aber gleich wieder verschwand.

Sitti legte beide Hände über ihre Augen und begann zu erzählen. »Dein Großvater, mein Ehemann, der vor sehr langer Zeit starb, kam immer mit den Taschen voller Datteln nach Hause. Es waren dicke, saftige Früchte, nicht diese ausgetrockneten, dürren! Wenn du die ißt, bist du noch im Schlaf durstig. Er überreichte sie mir, als wären es Münzen oder goldene Armbänder. Er wußte, wie sehr ich sie liebte. Wir legten sie dann in eine weiße Schale, bedeckten sie mit einem Tuch und stellten die Schale in die Speisekammer. Wir aßen sie langsam, immer eine nach der anderen. Ich schäme mich gar nicht, das zu sagen, wir versteckten sie sogar vor den Kindern. Immer waren hundert Kinder bei uns zu Besuch. Und für sie alle hätten wir sowieso nicht genug gehabt, verstehst du? Außerdem wollten wir sie für uns haben!« Sitti lachte tief aus der Kehle heraus.

»Eines Tages, als dein Großvater hoch in den Galil gereist war, lag ich in meinem Bett, als mir ein Engel erschien und sagte, er würde mir einen wichtigen Rat geben. ›Wie kann ich sicher sein?‹ fragte ich ihn. Unglaublich, wie frech ich zu einem Engel war!

»Der Engel sagte: ›Bald werde ich deinem Ehemann erscheinen, der köstliche Datteln in seinen Taschen trägt, und werde ihn bitten, sie mit mir zu teilen. Er wird nicht ›Nein‹ sagen können, das wird der Beweis sein. Und das hier ist mein Rat … Als mein Mann dann zurückkam, fragte ich ihn sofort: ›Hast du Datteln mitgebracht?‹ ,und er schaute traurig aus.

›Ja‹, sagte er, ›aber ich stand im Suk – dem Marktplatz – und ein junges Mädchen mit seltsamen Augen kam zu mir und sagte: *Bitte mein, Herr, ich bitte Sie um die Früchte, die Sie in Ihrer Tasche tragen.* Sie schien eine besondere Gabe zu haben und durch meinen Stoff hindurchsehen zu können. Die Datteln waren ja nicht sichtbar. Ich mußte ihr einfach welche geben. Und dann hatte ich keine Gelegenheit mehr, neue zu kaufen, bevor ich heimkam.‹

Liyana fragte: »Und was hat der Engel dir geraten?«

»Was? Oh. Die Kuh nicht zu kaufen. Damals verkaufte gerade jemand eine Kuh. Hier gab es nie viele Kühe, weißt du. Jetzt gibt es gerade mal eine, die Straße runter, auf Hussainis Hof. Die meisten Leute haben lieber Ziegenmilch. Aber ich mochte Kuhmilch schon immer mehr als Ziegenmilch, deshalb wollte ich, daß dein Großvater die Kuh kauft. Aber er wollte nicht. Er konnte Kuhmilch nicht ausstehen. Außerdem fressen Kühe viel mehr als Ziegen.

»Also haben wir sie nicht gekauft. Gut so! Denn wir haben gehört, daß sie nur einige Wochen später gestorben ist. Also hat uns der Engel vor Ärger bewahrt! Und alles, was wir verloren haben, waren – ein paar Datteln.«

Sitti räuspert sich und lächelte. Erwartungsvoll schaute sie Liyana an. Poppy beendete seine Übersetzung. Er wirkte nicht sehr überzeugt.

Sitti beugte sich zu Liyana und strich ihr über das Haar, wie man es mit einem Hund oder einer Katze macht. »Hör immer auf die Engel«, sagte sie. Sie legte zwei Finger auf Liyanas Stirn und schloß die Augen.

Also schloß auch Liyana ihre Augen.

Vielleicht war es ja ein Zauber.

Als Liyanas Tante ins Krankenhaus mußte, weil ihre Beine angeschwollen waren, meinte Sitti, die Schwellungen kämen, »weil sie einen so großen und schweren Kopf hat.«

Poppy sagte, dies habe nichts damit zu tun, aber sie antwortete: »Was weißt du schon! Dein Kopf ist ja normal groß.«

Läßt ein Vogel seinen Kot auf ein sauberes, weißes Laken fallen, das auf der Wäscheleine hängt, bedeutet das Pech. Wenn er dir aber auf den Kopf scheißt, bedeutet das, daß dein erstes Kind ein Junge wird.

Sitti trug nie Strümpfe, weil kalte Beine helfen, länger zu leben. Sie meinte, Liyana sollte keine Socken mehr tragen, aber die fand die Idee abscheulich.

Sitti empfing überall Botschaften. *Du wirst bald eine lange Reise antreten zu einem Ort, der heißer ist als hier. Vorsicht vor dem Eimer.*

Liyana mochte dieses Zeug. Sie legte extra eine neue Kladde dafür an.

Poppy erzählte, daß er Arzt geworden sei, weil er unter diesen abergläubischen Menschen aufgewachsen war. »Sie haben mich zum Wahnsinn getrieben«, erzählte er Liyana, als sie alleine waren. »Ich mußte einen Ausgleich schaffen.«

»Glaubst du an einen Himmel?« fragte Liyana, als sie das Interview mit Sitti machte, und die antwortete sofort: »Natürlich. Er ist voller frischer Früchte.« Sie machte eine kurze Pause, um drei Orangen zu schälen und aufzuteilen. Sitti schloß die Augen. Danach lief sie im Zimmer umher, murmelte etwas, wischte die Fensterbank mit einem kleinen Besen, stellte die Säcke mit Reis, Mehl und Zucker ordentlich nebeneinander in das Regal. Dann zog sie ein paar lange Haare aus ihrem rosafarbenen Kamm.

»Was sagt sie gerade?« fragte Liyana.

Poppy antwortete: »Ich glaube, sie rezitiert gerade die Bienenpassage aus dem Koran.«

»Hallo!« rief Liyana laut, um wieder ihre Aufmerksamkeit zu erlangen.

Sitti schreckte auf. »Setz dich«, bat Liyana. »Bitte. *Min-fad-lickco 'dy hone!«* Das war einer der ersten Sätze, die sie gelernt hatte.

Liyana bat Sitti, mehr über ihre Träume zu erzählen.

»Ich träume von den harten Zeiten«, begann sie mit klagender Stimme. »Wie gemein die israelischen Soldaten zu uns waren. Sie kannten uns nicht mal! Und ich träume davon, wie es war, als mein schönster und geliebtester Sohn« – hier machte sie eine dramatische Pause und schaute Poppy an – »so weit von mir wegging, daß ich nicht einmal mehr den Zipfel seines Schattens sehen konnte.«

Liyanas Vater mochte diese Unterhaltung immer weniger.

Sitti befahl Poppy, den Armen Geld zu geben, wenn sie starb. Aber der Totengräber und die Frau, die ihren Körper waschen würde, sollten mehr bekommen. Sie bestand darauf, daß man genug Platz in ihrem Grab ließ, damit sie sich aufsetzen könnte, wenn sie mit den Engeln sprach. Sie hatte es nicht gerne, sich im Liegen zu unterhalten.

Liyana lachte laut, aber Poppy stand auf, rieb sich die Hände über dem Feuer und sagte: »Wir sollten jetzt etwas anderes machen.«

Rafiks Aufsatz über Khaled und Nadine

Wir haben neue Freunde, die in einem Flüchtlingslager leben. Wenn man hinter unserem Haus eine kleine Straßen entlanggeht, kommt man dahin. Wir haben kein Fahrrad, aber sie haben eins, und manchmal dürfen wir darauf fahren. Der Reifen schleift an dem Schutzblech. Poppy sagt, wir bekommen auch bald ein Fahrrad. Liyana sagt, sie hofft, es werden zwei. Die beiden Freunde haben unser Huhn eingefangen, als es weggelaufen war. Es war nicht wirklich unseres, wir haben aber so getan. Khaled meint, wir würden in einem sehr großen Haus wohnen, weil ihr Haus nur zwei Zimmer hat. Wenn wir sie besuchen, will seine Schwester Nadine, daß wir einen roten Saft aus Granatäpfeln trinken, bei dem sich einem der Mund zusammenzieht.

Manchmal kommen sie zu uns, und wir sitzen dann zusammen vor Abu Janans Fernseher. Sie haben keinen Fernseher und wir haben auch keinen. Abu Janan sagt, es macht ihn glücklich, wenn Menschen sein Zimmer füllen. Es wäre toll, wenn Abu Janan Super Channel hätte, dann könnten wir *Star Trek* sehen, meine Lieblingsserie in Amerika. Liyana interessiert sich überhaupt nicht für *Star Trek.* Sie mag diese engen Kostüme nicht, die die Leute da tragen, und sagt, sie hätten alle Nähte im Gesicht. Außerdem meint sie, sie hätte noch nie irgend etwas Grünes in der Serie gesehen, keinen Baum, nicht mal einen Grashalm. Sie ist ganz froh, daß es hier kein Super Channel gibt. Als ich ihr sagte, ich würde Geld sparen, um ein Super-Channel-Abo zu kaufen, sagte sie, sie würde dann das Geld klauen und es dem Flüchtlingslager spenden.

Kahled und Nadine mögen einfach alles. Sie haben ihr ganzes Leben lang im Flüchtlingslager gelebt. Was auch immer wir gucken, sie finden es toll. Wenn sie Englisch sprechen, rollen sie ihre ›R‹'s. Wir haben ihnen gesagt, daß das unnötig ist. Ich bin sicher, sie können uns noch ganz viel erzählen.

Rafik Abboud

Der Esel am Straßenrand

Nachdem ohne Vorankündigung eine Krankenschwester in ihrer Schule aufgetaucht war und jedem Schüler mit einer dicken Nadel eine Cholera-Impfung in den Arm gejagt hatte, mußte Liyana mit heftigem Fieber zu Hause bleiben. Sie war mit dem Thermometer im Mund eingeschlafen und konnte nur: »Ich fühle mich, als hätte sie mir die Cholera verpaßt« murmeln. Als sie wieder wach wurde, kühlte Susan ihr Gesicht mit kaltem Wasser und stellte einen großen Krug neben ihr Bett. Poppy gab ihr Medizin, befürchtete aber, sie würde kaum helfen. Beide sagten: »Ruh dich aus; ruh dich aus.«

Von ihrem Bett aus konnte sie hören, wie das Leben im Haus weiterging. Die Türen wurden geöffnet und fielen wieder ins Schloß. Rafik ließ das Badewasser laufen.

Die Welt blieb ihretwegen nicht stehen.

Einen ganzen Tag lang lag sie da und träumte von Jacksons Haaren. Als sie ihm, eine Woche nach dem Kuß im Kino, gesagt hatte, sie würden das Land verlassen, hatte er sie nur unbeteiligt angeschaut.

Im Flur ließ jemand ein Buch fallen. Eine Tür wurde zugeknallt. Warum blieben ihr diese Töne im Gedächtnis?

Er hatte im Tonfall der Cowboy-Filme geantwortet: »Klar, man sieht sich, Partner.«

Am zweiten Tag hielt sie die Arme hoch, um in einem Buch von Emily Dickinson zu blättern. Sie wollte etwas ausprobieren. Jedesmal, wenn sie etwas las, das ihr gefiel, schloß sie die Augen und überlegte sich ein paar Zeilen, die dazu paßten. Das ist nicht nachäffen, dachte sie, das ist sich inspirieren lassen. So, als würde sie direkt aus Sittis Brunnen trinken.

Sie las: *Ich fühlte eine Kluft in meinem Verstand – Als hätte sich mein Hirn gespalten* und dichtete dazu: *Eine Kluft öffnet sich – wo vorher flaches Land gewesen war. Wo stehe ich?*

Am dritten Tag ihrer Krankheit beobachtete Liyana, wie die Sonne durch ihr Zimmer kroch, während die Stunden verstrichen. Das macht sie jeden Tag, dachte sie, auch wenn ich nicht da bin, um sie dabei zu beobachten. Die Lichtstrahlen krochen über die Fensterbänke, berührten die Tischbeine und die Schulbücher, die sich neben den verkrumpelten Bettlaken auf dem Boden türmten. Sie hatte die Laken auf den Boden gestrampelt, weil ihr so heiß gewesen war.

Die langen Zeiger der Sonne krochen über ihr Bett. Als sie dachte: Diese Strahlen streichen auch über die Gesichter meiner Freunde in der früheren Welt, stand ihr das Wasser in den Augen. Was Claire jetzt gerade wohl tat? In ihrem letzten Brief hatte Claire von dem Rechtschreibewettbewerb an ihrer Schule erzählt, den Liyana letztes Jahr gewonnen hatte, von einem neuen Sänger, den alle toll fanden, wer gerade in wen verknallt war, wer nicht mehr verknallt war. Sie hatte auch gefragt: »Ist bei dir alles in Ordnung?« Schlechte Nachrichten aus Jerusalem wanderten viel schneller über den Ozean als die guten. Wenn Liyana jetzt hätte antworten sollen, wäre »Nein« die Antwort gewesen.

Am Nachmittag kam Sitti mit hochrotem Kopf in ihr Zimmer gestürmt. Immer wieder bedrängte sie Susan, sie solle Poppy im Krankenhaus anrufen, damit er zum Übersetzen nach Hause käme. Poppy hatte am Morgen mit Sitti telefoniert und erwähnt, daß Liyana krank und zu Hause sei. Sitti war wütend, weil sie nicht gleich alarmiert worden war. Wollte er sie beleidigen? Wußte er nicht, daß sie Liyana wieder gesund machen würde?

Sitti schloß die Tür von Liyanas Zimmer und breitete die weißen Laken auf dem Bett aus und glättete sie. Liyana mußte ganz ruhig liegen und die Arme gerade neben den Körper legen. Sitti nahm eine Handvoll Stecknadeln aus ihrem Stoffgürtel und steckte eine neben der anderen im rechten Winkel um Liyanas Körper in das Laken. Liyana schielte immer wieder durch die Augenlider, um zu sehen, was Sitti tat. Sitti murmelte ununterbrochen vor sich hin. Immer mehr Stecknadeln tauchten auf. Es mußten Hunderte sein! Bald war ein rechteckiger kleiner Eisenzaun um Liyanas Körper.

Sitti beugte sie sich mit wiegenden Bewegungen über Liyana und rieb dabei ihre Hände ineinander, die über Liyana schwebten, und öffnete sie dann weit. Sie zuckte mit den Fingern, als würde sie die Krankheit verjagen. Liyana war wie verzaubert. Eine kühlende Strömung schien von den Nadeln um sie herum zu kommen. Durchbrachen sie den Kreislauf der Krankheit? Liyana konnte nicht einmal sagen, wie lange alles dauerte. Zwanzig Minuten? Eine Stunde?

Rafik kam aus der Schule und ging in Liyanas Zimmer, um Sitti zu begrüßen. »Wow!« sagte er. »Das ist ein Voodoo-Bett!«

Khaled und Nadine waren im Erdgeschoß, um gute Besserung zu wünschen.

Liyana begann heftig zu schwitzen. Sitti schien glücklich zu sein. Sie nahm Handtücher, wischte mit kräftigen Händen über Liyanas Gesicht, Arme und Beine. »Ich bin am Verhungern!« Es war das erste Mal seit Tagen, daß Liyana Appetit hatte. Susan brachte ihr geschnittenes Obst, Toast und Suppe.

Nachher erzählte Rafik seiner Schwester, wie Sitti Poppy beim Essen ununterbrochen beschimpft hatte. Es sei seine Schuld gewesen, daß sie Liyana nicht früher gesund gemacht hätte. Er hätte eigentlich klüger sein sollen, schließlich sei er ja ein Doktor. Sie schlief auf der Couch und reiste am nächsten Morgen mit dem ersten Bus ab, der in ihr Dorf fuhr.

Am vierten Tag fühlte sich Liyana so wohl, daß sie drei Schüsseln Griespudding aß. Am liebsten hätte sie Jackson einen Brief geschrieben. »Du wirst nicht drauf kommen. Ich habe deinen Nachnamen vergessen.«

Statt dessen stand sie am Fenster zur Straße und betrachtete die vorbeifahrenden Autos. Wagen aus Israel hatten gelbe Nummernschilder, wer ein blaues Nummernschild hatte, kam aus den palästinensischen Gebieten. Ihr fiel ein, wohin sie unter anderen Umständen alles gefahren wäre.

Liyana konnte den alten Mann sehen, Abu Hamra, der seinen Karren mit Salat und Kohlköpfen zur Kreuzung schob, wo er stehenblieb. Abu Hamra hatte es nicht gerne, wenn man die obersten Blätter des Kohls beiseite schob, um zu sehen, wie der Kohl innen aussah. Als Liyana das erste Mal mit ihrer Mutter zu seinem Karren kam, hatte sie, ohne weiter darüber nachzudenken, genau das versucht. Er hatte sie so laut angefahren, daß sie verschreckt den Kohl fallen ließ.

Poppy erzählte, daß israelische Soldaten vor einigen Jahren den Brunnen von Abu Hamra zerstört hatten, nachdem einer seiner Neffen verdächtigt worden war, Steine auf Soldaten geworfen zu haben. So etwas könnte einem schon lange die Laune so richtig verderben, meinte Poppy. Ein zerstörter Brunnen wegen einem Verdacht.

Hinter dem Karren entdeckte Liyana plötzlich einen Esel, der mit gesenktem Kopf neben der Straße lag. Er schien krank zu sein. Wo war er hergekommen? Hatte ihn ein Auto in der Nacht überfahren? Niemand hielt an oder kümmerte sich um das Tier.

Liyana schlüpfte langsam in ihre älteste, ausgebleichte Jeans. Vier Tage lang hatte sie sich nicht angezogen. Noch nie waren ihr Jeans so schwer vorgekommen. Susan war in der Küche und schnitt Gemüse für eine Suppe klein. Das Haus roch ausgesprochen gesund, nach Sellerie- und Karottenbrühe. Susan schaute überrascht auf.

»Alles wieder in Ordnung?«

»Nicht ganz, aber ich muß raus, um nach dem Esel neben der Straße zu sehen. Er ist krank oder verletzt.«

Ihre Mutter schüttelte den Kopf. »Das Fieber hat wohl dein Gehirn angegriffen. Nein, meine Dame. Zurück ins Bett, Schätzchen!«

Liyana begann zu weinen.

»Und was ist, wenn er mich braucht?« Sie bat ihre Mutter, dem Esel eine Schüssel mit Wasser bringen zu dürfen.

Ihre Mutter schaute sie mit zusammengekniffenen Augen prüfend an, dann trocknete sie sorgfältig ihre Hände an der Schürze ab. »Ich komm mit«, sagte sie. »Zieh einen Pullover an. Es ist windig draußen.«

Sie füllten einen Kochtopf mit Wasser und nahmen eine Kelle mit.

Die samtenen Augenlider des Esels waren geschlossen. Er atmete schwer, aber das sanfte Streicheln schien ihm zu gefallen. Seine Muskeln entspannten sich. Ein Wagen kam heran, wurde langsamer, und ein Mann rief ihnen etwas auf arabisch zu. Liyana schüttelte den Kopf.

»Ich glaube, er meint, der Esel sei tot. Aber er hat nicht recht«, sagte sie zu ihrer Mutter.

»Ist dein Arabisch schon so gut?«

»Es reicht, um mir denken zu können, was er gesagt hat.«

Der Esel öffnete ein glänzendes Auge, um sie anzuschauen, blieb aber liegen.

Sie flüsterten ihm etwas zu, was ihn beruhigen sollte, und schütteten mit der Kelle Wasser auf seine Zunge. Er steckte die Zunge in den Mund und schluckte. »Eselschatz, ganz ruhig. Nimm einen Schluck.« Dann wandte sich Liyana an ihre Mutter: »Gibt es hier einen Tierschutzverein?«

Ihre Mutter wußte es nicht. Inzwischen hatte der Esel beide Augen geöffnet, starrte sie an, atmete ganz tief durch und starb. Sie hatten keine Seele aus dem Maul oder der Nase kommen sehen.

Zum zweiten Mal innerhalb einer Stunde weinte Liyana. Selbst ihre Mutter wischte sich über die Augen.

Wo war er hergekommen? Sie würde Khaled und Nadine fragen, ob jemand im Flüchtlingslager einen Esel vermißte. Liyana wollte ein Tuch aus dem Haus holen, um den Esel zuzudecken, aber sie hatten nur die Laken auf den Betten und einen Satz zum Wechseln. Susan legte ihr sanft die Hand auf die Schulter.

»Komm, wir gehen nach Hause«, sagte sie. »Wir haben gemacht, was wir konnten. Wir waren bei ihm, als er starb.«

Über Nacht war der Körper verschwunden. Vielleicht hatte ihn jemand mit einem Lastwagen abgeholt.

Am fünften und letzten Tag, als Liyana sich noch zu Hause erholte, dachte sie ununterbrochen über das Dasein als Esel nach. Sie versuchte, einen Esel in ihrer Kladde zu zeichnen. Die Zeichnungen taugten alle nichts. Einige Leute meinten, Esel seien »bescheidene« Tiere, anders als die stolzen arabischen Pferde zum Beispiel. Sie dachte über das Wort »bescheiden« nach, weil Poppy gemeint hatte, in dieser Hinsicht müßte sie noch an sich arbeiten. Nein, wirklich bescheiden war sie nicht. Aber sie hielt sich auch nicht für *brillant* oder so was, aber sie erwartete, daß Leute sie gern hatten und sie vermißten. Sie wünschte sich mehr Briefe in dem Schließfach 898, in denen stand: »Nichts ist mehr wie es war – ohne dich!« oder »Bitte, komm bald nach Hause!«

Dann fiel ihr der Junge ein, den sie im Lampengeschäft getroffen hatte. Sein dunkles Haar war gerade zurückgekämmt.

Sie würde ihn wieder treffen. Die Stadt war ja wirklich nicht groß.

Detektivarbeit

Von jetzt an ging Liyana fast jeden Tag zum Keramikladen der Sandrounis und prägte sich die komplizierten Muster der Weinstöcke auf den Fliesen ein.

Sie tat so, als hätte sie verschiedene Aufgaben. Sie mußte Visitenkarten holen, um sie an Freunde in Amerika zu schicken, deren Mütter wahnsinnig an bemalter Keramik interessiert waren. Sie mußte ein kleines blaues Täschchen kaufen. Sie mußte sich wieder nach dem Preis der grünen Lampe erkundigen, die sie so gerne neben ihrem Bett gehabt hätte. Sie hatte sogar nichts dagegen, etwas über elektrisches Zeug zu lernen.

Die Sandrounis begrüßten sie bald wie eine alte Freundin.

»Hallo – wieder zurück. Wir sind wohl unwiderstehlich!«

Mr. Sandrouni faltete eine Zeitung, die er gerade gelesen hatte, sorgfältig zusammen. »Weißt du was?« sagte er zu Liyana. »Ich glaube, es ist besser, die Zeitungen nicht zu lesen, sondern nur zum Einpacken zu nehmen.« Er legte die Zeitung auf einen großen Haufen. »Immer nur schlimme Geschichten. Immer nur trauriges Zeug.«

Sie wollte sich nach dem Jungen erkundigen, der nach Zimt roch – war er ihr Sohn, ein Neffe und WO war er? Aber sie schaffte es nicht.

Aber genau an dem Tag, an dem ihr dieses Stöbern-hier und Fragen-da selber lächerlich vorkam, und sie beschlossen hatte, nicht mehr in dem Laden herumzulungern, tauchte er wieder auf, stand da, wo er das letzte Mal gestanden hatte, und aß Yoghurt.

»Was ist los?« fragte er sie, tippte sich an den Kopf und lächelte.

»Ich habe einen Spaziergang gemacht ...« Sie räusperte sich und wurde mutiger. »Und habe nach dir gesucht.«

Er zog eine Augenbraue hoch. »Ja?«

»Ich glaube, wir sollten ... ich hatte Lust, mit dir zu reden.«

Liyana, sagte sie sich im stillen, Poppy würde ausflippen! Hier, wo die Mädchen nicht mal an einen Jungen DENKEN dürfen!

»Kein Zweifel«, sagte er grinsend. Ob er sich lustig über sie machte? »Klar, du hast recht. Und worüber sollen wir reden? Über Yoghurt?«

Sie atmete tief durch, es klang wie eine Erleichterung. »Ich esse eine andere Sorte«, sagte sie. »Er schmeckt salziger und nicht so cremig.«

»Den mag ich auch lieber«, antwortete er. »Diese Sorte ist zu süß. Aber in dem Laden gab's den nicht mehr. Magst du Yoghurt mit Früchten?«

»Abscheulich!«

»Stimmt, abscheulich.«

Mr. Sandrouni schien sich über sie beide zu amüsieren.

Liyana kam sich wie aufgeputscht vor, als ob diese bekloppte Unterhaltung sie unter Spannung gesetzt hätte.

Der Junge streckte seine Hand aus. »Sollen wir uns nicht langsam vorstellen, jetzt, wo wir so viel voneinander wissen?«

Sie meinte, er hätte »Omar« gesagt, aber er hieß »Or«.

»Warum Or?«

»Es ist kurz.«

Als sie ihren Namen nannte, lächelte er. »Ein hübscher Name«, sagte er. »Ich habe ihn nie zuvor gehört.« Noch zweimal wiederholte er ihn. Liyana kam es vor, als wollte er ihn sich im Mund zergehen lassen.

Sie fragte: »Gehörst du zur Familie Sandrouni?«

Er schaute verdutzt.

»Ich? Wirklich nicht! Ich bin doch nicht mit denen verwandt. Ich bin nur – ein alter Freund der Familie.«

Mr. Sandrouni nickte: »Er bat mich, ihn zu adoptieren, aber ich lehnte ab.«

Liyana und Or beschlossen, sich am nächsten Tag in der Mittagspause zu treffen.

Beim Abendessen erzählte Liyana ihren Eltern nichts von ihrem neuen Freund. Aber sie fragte Poppy: »Gab es in unserer Familie mal einen Omar?«, und er schaute ganz verdutzt.

»Na ja. Ich glaube, als dein Großvater noch ein junger Mann war und auf seinem Araberhengst aus dem Dorf bis in den Galil ritt, nur um diesen winzigen knusprigen Fisch zu essen, der aus dem See Genezareth gefischt wird – damals glaube ich, gab es jemand, der Omar hieß. Warum?«

»Hast du ihn gekannt?«

»Nein. Es ist ein ganz gebräuchlicher Name.«

Danach aßen sie ihren Reispudding und Poppy setzte seine Erzählung fort: » Einmal habe ich den berühmten Schauspieler Omar Sharif in einem winzigen Café in Ägypten getroffen. Habe ich das schon mal erzählt? Wir saßen am gleichen Tisch, so viele Tische gab es da nicht. Er fragte mich, was ich mache, und ich sagte ihm, ich würde mich gerade aufs Medizinstudium vorbereiten. Dann fragte ich ihn: ›Und Sie, was machen Sie?‹

›Ich bin Schauspieler‹, antwortete Omar Sharif. ›Und bereite mich darauf vor, ein berühmter Schauspieler zu werden.‹«

Liyana hatte ganz große Augen. »Wow! Das wußte er damals schon!«

Poppy sagte: »Ich hatte noch nie von ihm gehört. Also antwortete ich – ihr werdet es nicht glauben – ganz frech: ›Ist denn nicht jeder ein Schauspieler?‹«

In Abu Musas Café aßen weder Liyana noch Or Yoghurt. Sie hatten Hummus bestellt, der mit Petersilie dekoriert für beide zusammen in einer Schüssel serviert wurde. Sie saßen draußen an einem wackligen Tisch und tunkten ihre Brote in den Hummus.

»Hast du schon immer in Jerusalem gewohnt?« fragte Liyana.

»Immer – seit immer und ewig – seit der Zeit des unendlichen Schmerzes – bis heute.«

Ihr gefiel, wie er redete. Sein Englisch klang ganz selbstverständlich.

»Und, willst du immer in Jerusalem bleiben?«

Sie kam sich wie eine Interviewerin vor. Kleine graue Vögel suchten zwischen ihren Füßen nach Brotkrumen. Liyana warf ihnen etwas Petersilie zu.

»Wohin kann man nach Jerusalem noch gehen, nach Omaha?«

Irgendwie kam ihr das komisch vor, daß er Omaha kannte. Sie war nie in Omaha gewesen.

»Ich bin sicher, daß es viele Einwanderer gibt, die nach Omaha gezogen sind«, sagte sie.

»Aber eine Stadt ist in dir – wie ein Teil deines Körpers, meinst du nicht? Wie die Leber oder die Nieren. Wie kannst du sie dann verlassen? Das klingt nach jeder Menge Probleme.«

Sie starrte auf den Tisch. Die Muster in dem verwitterten Holz erinnerten sie an die Strömungen im Mississippi. Würde sie jemals wieder diese modrige Luft riechen?

»Und was meinst du?« redete er weiter. »Du bist doch von Amerika hierher gezogen. Hab ich recht?«

Ein Spatz landete auf ihrem Fuß, sprang aber gleich weiter. »Ich komme aus St. Louis«, sagte sie leise. »Einfach … eine Stadt, wie … Omaha. Nein, ich glaube nicht, daß du unrecht hast. Aber … glaubst du, man kann seine Nieren wiederbekommen?«

Er klopfte mit dem Finger auf den Tisch. Er schaute sie auf so eine sanfte Art an, daß ihr ganz warm dabei wurde. Dann sagte er: »Ich hoffe.«

Alte Männer schleppten sich mit Körben voller Brennholz auf dem Rücken die Straße entlang. Liyana nahm einen großen Schluck aus ihrem Limonadenglas. Ihre Unterhaltung hatte sie traurig gemacht, sie war aber froh, daß all das mal gesagt worden war.

»Was machst du die ganze Zeit?« fragte sie. »Wohin gehst du in deiner Freizeit?«

Er schaute sich um. Die geraden Linien seines Gesichts gefielen ihr, auch der olivfarbene Ton seiner Haut. »Also, ich bin viel unterwegs. Ich laufe viel, gehe zu den Sandrounis und in die Museen, in die Bibliotheken und auf den Fußballplatz. Und im Sommer an den Strand – gehst du ans Meer? – und in die grüne Landschaft um Nazareth herum. Da kommt meine Mutter her. Bist du schon mal dort gewesen?«

Sie bestellten noch eine Schüssel *baba ghanouj*, weil sie beide noch Hunger hatten.

»Aber ich bin auch ganz zufrieden, wenn ich zu Hause bin«, sagte Or zögernd. »Ich lese dann und höre Musik.«

Seine feingliedrigen Hände teilten das Brot in akkurate Dreiecke, und bevor er sich etwas nahm, bot er es erst mal ihr an. Liyana merkte auf einmal, daß sie auf seine Oberlippe starrte, dieses schmale, elegante Tal unter der Nase. Hatten das alle Leute?

Danach betrachtete sie sein Handgelenk, die vornehme Art, wie es aus dem Ärmel hervorkam.

»Hast du schon mal Ethnomusik gehört?« fragte er.

»Nein. Würde ich aber gerne.«

Er lud sie ein. Sie könnten sich am Samstag um ein Uhr in dem Café *Der Brunnen* treffen. Dort gab es am Wochenende immer Livemusik mit lokalen Musikern. »Sie haben auch Orangensaft – wenn du keinen Kaffee trinkst.«

Als sie sich verabschiedeten, um in ihre Schulen zurückzugehen, nahm er ihre Hand. »Liyana, es war schön, sich mit dir zu unterhalten. Heute ist einer der schönsten Tage in meinem Leben! Und ich freue mich schon auf Samstag.«

»Or«, sagte sie, zögerte dann einen Moment. »Or … es hat mir auch … großen Spaß gemacht.«

Er griff noch einmal für einen Augenblick nach ihrer Hand.

Manchmal funkelt ein ganzer Tag, wenn man ein schönes Geheimnis mit sich rumträgt. Man übersteht schmerzfrei die ödesten Momente.

Während sie an ihrem Pult saß, kam sich Liyana den ganzen Nachmittag über vor, als schwebe sie. Eine unsichtbare Quelle schickte einen Lichtstrahl auf eine Ecke ihres Pults, auf den oberen, rechten Teil ihrer Geometrieaufgabe und die Dreiecke.

Der Brunnen

Thanksgiving, fast ein amerikanischer Nationalfeiertag, wurde in Jerusalem total ignoriert, nur von Liyanas Familie nicht. Am Tag danach saßen sie alle im Wohnzimmer auf der niedrigen Couch und blätterten durch die verschiedenen Teile der Zeitung, als Liyana mit ihrer Neuigkeit herausplatzte.

»*Brunnen-Café? Brunnen-Café?* Nie gehört«, sagte Poppy.

Susan legte ihren Teil der Zeitung weg und meinte: »Du bist noch nie alleine mit dem Bus in die Stadt gefahren.«

»So schwer kann es ja nicht sein«, sagte Liyana ungeduldig. »Ich meine, ich fahre mit dem gleichen Bus nach Hause, ja? Wo ist da der Unterschied? Die Straße hier führt in die eine Richtung nach Ramallah und in die andere Richtung nach Jerusalem. Ich nehme den Bus nach Jerusalem. Wenn ich dann in der Stadt bin, steige ich aus und laufe.«

»Laufe?« sagte beide gleichzeitig.

Liyanas Vater fuhr sie jeden Tag in die Stadt, sie stieg am Jaffator aus und ging alleine in das armenische Viertel zu ihrer Schule. Mittags strich sie innerhalb der alten Mauern meilenweit durch die Stadt. Und jetzt taten sie so, als wäre sie noch nie zu Fuß unterwegs gewesen.

»Woher kennst du das *Brunnen-Café?* Gehen deine Freunde aus der Schule auch hin?«

»Vielleicht ...«

In Wirklichkeit hatte sie es keinem gegenüber erwähnt. Sie behielt es als Geheimnis tief in ihrem Inneren verstaut.

»Stand was in der Zeitung?«

»Kann sein.«

Sie stürmte in ihr Zimmer und ließ sich rückwärts auf ihr Bett fallen.

Kurze Zeit später stand ihre Mutter in der Tür und lächelte dieses mütterliche Lächeln, das so viel sagte wie: *Ich weiß, worum es geht, und bei mir ist das auch so gewesen.*

Susan sagte: »Weißt du, ich habe noch ein paar Besorgungen in der Stadt zu machen. Würde das die Sache einfacher machen? Ich fahr dich hin, laß dich raus und hole dich später wieder ab.«

»Was für Besorgungen?«

»Na ja, zum Beispiel muß ich zur Schneiderin. Die beiden Röcke, die ich gekauft habe, bevor wir aus den Staaten abfuhren, sind ein bißchen zu lang. Es war ein Fehler, sie nicht anprobiert zu haben.«

»Dafür wirst du zehn Sekunden brauchen.«

»Und ich möchte diesen Vitaminladen finden, von dem ich gehört habe. Wir haben bald kein Vitamin C und E mehr. Und ich möchte mir auch gerne die jüdischen Stadtteile anschauen, ich will einfach wissen ... was es hier gibt. Du erinnerst dich doch, daß Poppy uns nur in Ost-Jerusalem rumgeführt hat, weil er den anderen Teil nicht kennt? Gut. Und ich bin jetzt soweit, daß ich mich da mal umsehen möchte.«

Endlich war Samstag. Liyana flocht sich vielleicht zum zehntenmal die Zöpfe neu. Dann bürstete sie ihr Haar und beschloß, es einfach so zu lassen. Durch das ganze Hin und Her war es leicht wellig geworden. Ihre Mutter, die es noch nicht gewohnt war, in der Stadt mit dem Auto zu fahren, drückte nur sehr zögernd auf das Gaspedal, und sie wurde von allen überholt. Liyana sagte:

»Mama, ich werde dort einen Freund treffen.«

»Aus der Schule?«

»Nein, nicht aus meiner Schule.«

Ihre Mutter trat kurz auf die Bremse. »Das heißt also – du hast ein Date.«

»Kein Date .... es ist eine Verabredung.«

»Und mit wem?«

»Er heißt Or.«

»Wie?«

»Or wie Omar. Ich habe ihn in Sandrounis Keramikladen kennengelernt. Poppy war mal mit mir dort ...«

»Er arbeitet da?«

»Nein. Sie sind befreundet.«

In diesem Moment wurde Liyana klar, daß sie die Kurve erreicht hatte, hinter der die Gespräche mit den Eltern nie mehr so einfach sein würden, wie sie es früher gewesen waren.

»Weißt du, was dein Vater dazu sagen würde?«

»Wozu?«

»Liyana! Das hier ist sein Land. Es ist ein sehr konservatives Land. Ist dir das noch nicht aufgefallen? Hast du die Shorts vergessen? Du mußt ja nicht nach den altmodischen Dorfregeln leben, aber vergiß nicht, daß dein Vater nicht sehr erfreut sein wird, wenn er davon erfährt. Trotzdem meine ich, du solltest es ihm sagen. Auf jeden Fall. Heute beim Abendessen, gleich, wenn wir zu Hause sind. Und – ach, Liyana, sei vorsichtig. Sei – *vernünftig.*«

Da war es. Das Wort, das sie am meisten haßte.

Sie parkten in einer Seitenstraße nahe der Altstadt. Or hatte ihr beschrieben, wie sie zu Fuß zum Café kam.

»Wo ist die Schneiderin?« fragte Liyana.

Susan trug die Röcke über dem Arm. Sie sagte: »Keine Ahnung. Ich muß es suchen.«

Liyana mußte sich anstrengen, um sich genau an Ors Anweisungen zu halten: Den Hügel hoch, an der alten Windmühle vorbei nach rechts, dann geradeaus. In diesem Teil der Stadt schienen die Straßen breiter zu sein. Sie kamen an einem Uhrengeschäft vorbei, einer Bank, einem Souvenirladen voller Antiquitäten und einem Kindergarten. Es wurde hier viel weniger Arabisch gesprochen. Sie hörten nur den kehligen, weniger vertrauten Klang von Hebräisch und Sprachen, die sie nicht einordnen konnten. Vielleicht Norwegisch, dachte Liyana. Polnisch oder Russisch.

Sie erkannte das *Brunnen-Café*, weil in dem Hof vor dem Gebäude Stühle standen, Tische, über die gestreifte Schirme gespannt waren und – tatsächlich – ein Springbrunnen, dessen Wasser aus zwei über Kreuz stehenden Krügen in das blaue Bassin stürzte.

Im Haus schien es fröhlich zuzugehen. Irgend jemand überprüfte gerade das Mikrofon auf der Bühne. An einem Tisch im Hof saß eine tiefgebräunte Frau, sie hatte einen hellen Lippenstift, ein rosa Getränk und hielt ihr Gesicht in die Sonne. Or war nirgendwo zu entdecken.

»Bist du sicher, daß es hier ist?«

»Ja.« Zwei dunkle Vögel tauchten in den Brunnen und spritzen sich naß.

Liyana fiel nicht ein, wie sie es netter hätte sagen sollen, also meinte sie nur: »Könntest du jetzt bitte gehen?«

Susan sah ein wenig betroffen aus, aber eben nur ein wenig.

Sie verabredeten sich in zwei Stunden bei der Windmühle. Davon gab es nur eine, und sie war leicht zu finden.

Liyana wollte gerade alleine in das Café gehen, da tauchte auf einmal Or neben ihr auf. »Du hast es geschafft! Du hast dich an meine Beschreibung erinnert!«

Sie hätte ihm sagen können, daß sie sich auch an das kleinste Haar auf seinem Handrücken erinnerte.

»Es gibt schlechte Nachrichten«, sagte er. »Der Mensch, von dem ich gehofft hatte, daß er heute spielt, kommt nicht. Jemand anderer wird spielen, und es tut mir leid, das sagen zu müssen ...« Er flüsterte ihr jetzt ins Ohr: »Er ist absolut schlecht!«

»Möchtest du statt dessen lieber in das Israel-Museum gehen?« Er sprach immer noch direkt in ihr Ohr. »Es ist nicht weit von hier.« Sie war da nie gewesen. Poppy hatte irgendwann einmal davon gesprochen, sie würden sich das jetzt anschauen, aber dann hatte der Weg sie doch zum Grab von Lazarus geführt.

»Klar, warum nicht.« Aber ihr war nicht ganz wohl dabei. Ihre Eltern hatten was dagegen, wenn Rafik und sie ihre Pläne änderten, ohne es ihnen zu sagen.

Das Israel Museum, das größte im Land, zeigte archäologische Wunder und zeitgenössische Kunst. Liyana hatte über die Ausstellungen und Vorträge in der Zeitung gelesen. Irgendwann einmal, an einem Samstag, hatte sie noch halb im Schlaf beim Frühstück die Zeitung durchblättert und dann Rafik vorgeschlagen, er könne doch an einem Workshop für Kinder teilnehmen, bei dem ›künstlerische Talente entwickelt werden‹.

Er hatte geantwortet, er habe bereits alle Talente, um die er sich zur Zeit kümmern könne.

Liyana folgte Or die Straße entlang. Er winkte einem Mann in einem Geschäft zu und sagte etwas zu einer alten Frau im schwarzen Kleid und mit schwarzem Kopftuch, die ihnen auf der Straße begegnete.

Auf einmal wurde ihr klar: Er hatte Hebräisch gesprochen!

Eine gelbe Katze wich einem schwarzen Auto aus. Ihr Herz schlug heftig. Zwei junge Frauen in Jeans gingen an ihnen vorbei; sie plauderten und schoben Kinderwagen vor sich her.

Sie wußte nicht, wie sie ihn fragen sollte.

»Or«, stotterte sie, »hast du … bist du … was hast du … zu ihr gesagt?«

»Ihr Mann ist vor ein paar Monaten gestorben«, antwortete er. »Sie ist eine Nachbarin von uns. In der ersten Trauerwoche, als sie und ihre Verwandten *shiva* saßen, haben wir ihnen Essen gebracht. In dieser Zeit darf die Familie keine Schuhe tragen und das Haus nicht verlassen.

Sie verhüllen dann auch alle Spiegel. Heute habe ich sie zum erstenmal wieder draußen gesehen.«

»Alle Spiegel verhüllen«, wiederholte Liyana. »Das ist ein eindrucksvolles Zeichen. Ist das eine ... jüdische Tradition?«

Er schaute sie neugierig an. »Ja, das ist eine jüdische Tradition. Und ich glaube, es muß bei den Arabern ähnliche Bräuche geben.«

Ihr Herz tobte und hüpfte. »Im Dorf hören sie keine Musik, wenn jemand gestorben ist. Über Spiegel weiß ich nichts. Wenn ich es mir so überlege, weiß ich nicht mal, ob sie überhaupt Spiegel haben.«

Liyanas Gedanken rasten. Ihr war klar, daß sie nicht überrascht sein sollte. Warum sollte er kein Jude sein, an einem Ort, wo hauptsächlich Juden und Araber leben? Nur, sie hatte überhaupt nicht daran gedacht. Und war ›Omar‹ nicht ein arabischer Name?

Als sie ihn darauf ansprach und wieder ins Stottern kam, lachte er. »Omer, mit einem *e* und nicht mit einem *a*«, sagte er, »ist ein jüdischer Name. Gefällt er dir jetzt nicht mehr?«

Sie dachte: *Warum rast mein blödes Herz so?*

»Können wir uns einen Moment setzen?« fragte sie. Sie setzten sich auf eine Mauer neben einem Zedernbaum und sie atmete tief durch.

»Wußtest du, daß ich nicht-jüdisch bin?« fragte sie.

»Natürlich.«

»Wieso?«

»Na ja. Du trägst arabische Hefte in deiner Schultasche. Und du hast mir doch erzählt, daß ihr neben der Straße nach Ramallah wohnt, stimmt's? Ich habe sonst keine Freunde, die dort wohnen.«

»Macht es dir was aus?«

»Hätte ich dann vorgeschlagen, daß wir uns treffen ... wenn es mir etwas ausmacht? Die Frage ist doch – macht es dir etwas aus?«

»Natürlich nicht.« Sie war verwirrt. »Ich bin Amerikanerin … jedenfalls zum größten Teil!« Aber das klang lächerlich. Er hatte sie nicht nach ihrem Paß gefragt. Aber danach brach es aus ihr heraus: »Was ich meine, diese Gewalt ist doch sinnlos, meinst du nicht auch? Die Menschen sollten doch ihre Probleme mittlerweile gelöst haben. Aber lieber bleiben sie dumm und wütend. Sie schieben alte Gründe vor oder suchen sich neue. Ich meine, ich sehe das hauptsächlich von der arabischen Seite. Die Familie meines Vaters hat ihr Haus verloren und ihr Geld auf der Bank. Damals, als mein Vater noch ein Kind war und die Palästinenser so sehr zu leiden hatten. Bis vor kurzen wurden sie herumgeschubst, als wären sie Menschen zweiter Klasse. Du weißt doch, sie durften nicht mal ihre eigene Fahne zeigen und hatten keine Menschenrechte wie die Juden, bis vor kurzem zumindest. Und es wird nur ganz langsam besser, meine Verwandten müssen immer noch eine Genehmigung für alles mögliche beantragen. Als mein Vater klein war, war das noch nicht so, damals war mehr Gleichheit als heute … natürlich weiß ich, wieviel die Juden gelitten haben, aber glaubst du nicht, daß sie deshalb mehr Mitgefühl für das Leiden anderer Menschen haben sollten?«

Er schaute sie schweigend an.

Über ihnen zwitscherten die Vögel in den Ästen. Ein geschäftiges Kommen und Gehen. Was für einen Eindruck mußten sie von den Menschen haben?

»Doch.« Omer atmete tief durch und stand auf. »Ohne Zweifel ist das eine schlimme Geschichte«, sagte er. »Nichts, worauf man stolz sein kann.« Er schloß die Augen und streckte sein Gesicht in die Sonne. Dann öffnete er die Augen wieder. »Und was sollen wir da jetzt machen?«

Jetzt haßt er mich, dachte Liyana. *Ich rede wie eine Verrückte.* Wie um die Sache abzuschließen, meinte sie plötzlich: »Ich hoffe, sie machen Frieden, und du?«

Er schaute sie prüfend an: »Das hoffe ich auch. Möchtest du immer noch ins Museum gehen?«

Sie gingen schweigend die Straße entlang, nur hin und wieder berührten sich ihre Hände.

Im Inneren des riesigen Museums gingen Liyana und Omer zuerst zu den gigantischen Bildern, Skulpturen und antiken Lampen, die in den Höhlen entdeckt worden waren.

Sie waren sehr höflich zueinander und kommentierten die Exponate alter Kunst, auch wenn sie beide mehr an der zeitgenössischen Kunst in den anderen Räumen interessiert waren.

Es gefiel Liyana, wie Omer etwas zurückging, dann wieder näher kam, um ein Stück genau zu betrachten. Sie fühlte sich immer nach ganz außer Atem von ihrem Ausbruch. Omer aber schien ganz ruhig zu sein und hörte ihr aufmerksam zu. Bei einem Bild, das nichts anderes zeigte als hellrote Risse und dicke Linien, schüttelte er den Kopf. »Meine Augen mögen das nicht«, sagte er. »Und deine?« Liyana wunderte sich, was für eine Erleichterung es war, wenn dem Freund etwas nicht gefiel, was man selber auch nicht mochte.

»Hast du was dagegen«, fragte sie, »wenn ich Omer sage und nicht Or?«

»Ich hätte auch nichts dagegen, wenn du mir einen Namen gibst, den ich noch nie gehört habe.«

Omer trug ein weißes langärmliges Sweatshirt mit drei Knöpfen unter dem Kragen, Jeans und hohe Tennisschuhe. Ihr gefiel, was er anhatte. Sie schwebte auf einer satten blauen Wolke, die ein Maler als Krönung über eine gelbe Stadt gemalt hatte. War das Jerusalem? Manchmal stand Omer hinter ihr und sie spürte seinen Atem, während sie dasselbe Bild anschauten. Sie fühlte ein angenehmes Beben in ihrem Körper.

Ein Künstler hatte eine große Installation ausgestellt, die »Unterirdische Quelle« hieß und aus zusammengebunden Blechdosen bestand, die in leuchtenden Farben vor einer Israel-Karte hingen. Omer mußte laut lachen. »Ist das auch dein Problem?« fragte er. »Was in zehn Jahren aus dem ganzen Müll geworden sein wird? Mich beschäftigt das jedesmal, wenn ich eine Thunfischdose aufmache.«

»Thunfisch?« Das war etwas, nach dem Liyanas Mutter in den arabischen Läden gesucht hatte, aber die Araber mögen keinen Thunfisch. »Bekommt man den hier?«

»Natürlich. Mit Yoghurt schmeckt das toll.« Er stupste sie in die Seite. Ihr fielen noch andere Sachen ein, die sie vermißten. Sollte sie danach fragen?

Als ihr Blick zufällig auf die Uhr fiel, schrie sie so laut auf, daß ein Dutzend Wachleute aufsprangen. »O Gott! Ich habe meine Mutter vergessen! Ich bin schon zehn Minuten zu spät!«

Sie sprintete mit Omer zur Windmühle, wo ihre Mutter schon stand, mit dem Fuß wippte und auf die Uhr starrte. Ihre Arme waren voll bepackt. Als sie die beiden sah, fünfundzwanzig Minuten mittlerweile zu spät, sagte sie zu Liyana: »Du lebst wohl nach der Sommerzeit.«

»Mom, es tut mir leid. Die Zeit – ist uns einfach entwischt. Am Ende sind wir ins Museum gegangen, ich hoffe, das ist in Ordnung. Dir hätte das bestimmt gefallen! Ach ja, das ist Omer, mein Freund, von dem ich gesprochen habe.«

Ihre Mutter grüßte Omer freundlich, konnte ihm aber, beladen wie sie war, nicht die Hand geben. Omer bestand darauf, daß er alle Päckchen und Tüten zum Wagen trug. Liyana konnte sehen, daß ihre Mutter von seinem Verhalten beeindruckt war.

»Ich habe es gefunden«, sagte sie zu Liyana. »Mayonnaise!« Omer hob eine Augenbraue. Liyana kam sich ganz zittrig und schwach vor. Sie hoffte, ihre Mutter würde nicht noch mehr peinliche Dinge sagen. Aber Susan zeigte das typisch mütterliche Lächeln und fragte Omer:

»Lebst du in Jerusalem? Gefällt dir deine Schule? Was weißt du über Liyanas Schule? Kennst du andere Kinder, die dorthin gehen? Was machst du am liebsten in deiner Freizeit?«

Er antwortete: »Herumlaufen. In meinem Kopf und auf der Straße.« Ihre Mutter schaute Liyana an, als würde sie jetzt verstehen, wie diese beiden zusammengekommen waren.

Auf dem Weg nach Hause sagte sie ganz ruhig: »Liyana, ich glaube nicht, daß er Araber ist.«

»Und?« Das war spontan reagiert, aber natürlich nicht die Art, einer Mutter zu antworten, wenn man sie auf seiner Seite haben wollte.

Sie fuhren schweigend weiter, etwa zwei Kilometer weit, an der großen Reinigung vorbei und an Abdul Rahmans Schusterladen, in dem Liyanas liebste Sportschuhe gerade ihre Auszeit nahmen und auf neue Sohlen warteten. »Niemand, mit dem ich zur Schule gehe«, sagte Liyana, »ist Araber. Wußtest du, daß sie mich ehrenhalber zur armenischen Staatsbürgerin gemacht haben?«

Ihre Mutter schaute sie von der Seite an. »Du weißt, was ich meine.«

Liyana schluckte zweimal. »Wir haben schon darüber gesprochen. Er hofft genauso auf Frieden wie wir.«

Als sie vor ihrem Haus parkten, stieg keine von beiden aus. Susan wieg eine ganze Weile, dann sagte sie. »Ich habe einfach Angst, was dein Vater dazu sagen wird. Von allen Jungen in der Stadt, in die du dich hättest verknallen können …«

Liyana bohrte weiter. »Kann er uns besuchen? Bald, zum Abendessen? Wir haben unsere Telefonnummer getauscht.«

»Nicht daß du mir jetzt die ganze Zeit am Telefon hängst, Fräuleinchen«, antwortete ihre Mutter. Liyana öffnete und schloß ihren Mund wie ein Fisch. Sie wäre sonst erstickt.

Beim Abendessen fragte Poppy düster: »Was? Wer? Wo?«

Liyana antwortete: »Es geht hier schließlich um mich und nicht um eine Romanfigur, weißt du.« Und dann: »Erinnerst du dich, wie du uns von den jüdischen Freunden erzählt hast und von den Nachbarn, mit denen du aufgewachsen bist? Erinnerst du dich, wie viele jüdische Freunde wir drüben in Amerika gehabt haben? Und warum auch nicht? Er wohnt in der Rashba Straße. Bist du als Kind nicht in der Rashba Straße gewesen?«

Poppy sagte: »Sicher« und gleich darauf: »Niemals, niemals, niemals.«

Den ganzen Abend über stand Liyana an ihrem Fenster und starrte nach Westen in Richtung des jüdischen Israels. Alles hatte sich verändert. Der Wächter im Museum schloß leise das Tor. Die Bilder schliefen ruhig an den Wänden, und ganz weit entfernt wurden die Muscheln von den Wellen des Mittelmeers zermahlen. Liyana war hier in diesem Land noch nie am Strand gewesen. Sie würde gerne mit Omer dorthin fahren. Sie könnten die Schuhe ausziehen und den Strand entlanglaufen. Sie könnten ihre Füße im Sand versinken lassen ...

Wir wünschen Dir ein fröhliches ...

In der Weihnachtszeit wirkten Jerusalem und Betlehem winterlich. Trotz der flackernden Kerzen in den Fenstern, den buttergelben Straßenlaternen und der Musik, die aus den Geschäften strömte, war die Feiertagsdekoration nicht so auffällig und glitzernd wie in den amerikanischen Städten. »Ich glaube nicht, daß Santa Claus bis hier gekommen ist«, klagte Rafik.

»Manchmal kann ich mir gar nicht vorstellen, daß hier all die Geschichten passiert sind«, sinnierte Liyana. »Meint ihr nicht auch? Die Videoläden und die aufklappbaren Pilgerkarten versperren einem den Blick. Die Geschichte macht sich unsichtbar.«

»Danke dir«, sagte Rafik. »Danke für deine Weisheit.«

Am Weihnachtsabend standen sie um Mitternacht zusammen mit ihren Eltern in einer langen Schlange vor der Geburtskirche in Bethlehem. Poppy war schon als Junge hier gewesen, als er seine arabisch-christlichen Freunde begleitet hatte.

Liyana und Rafik trugen karierte *Kaffiyehs* als Schutz gegen die Kälte um den Hals geschlungen. Ein Chor irischer Nonnen sang mit hellen Stimmen harmonische Melodien. Susan und Liyana beteiligten sich als Solisten bei einigen Strophen von *Angels we have heard on high.* Ein goldener Stern auf dem Boden markierte die Stelle, wo die Krippe gestanden haben könnte. Zum ersten Mal war Susan an den Heiligen Stätten nicht nach Weinen zumute.

Liyana hatte sich vorgenommen, sich immer wieder daran zu erinnern: *Jesus hatte einen Körper aus Fleisch und Blut und den Atem eines Babys.*

Jesus hatte aber nicht die Liste der Regeln verfaßt, die

draußen an der Tür angeschlagen war. Eine Regel fiel Liyana sofort ins Auge: ES IST VERBOTEN, IN DER KIRCHE WAFFEN ZU TRAGEN.

Auf jedem Weg findet man ein Körnchen Wahrheit

Es war einer der ersten warmen Tage. Liyana und Rafik saßen auf einer eisernen Bank vor den Zwiebeltürmen der Russisch-Orthodoxen Kirche und lutschten an ihrem Pistazieneis. Sie warteten auf Atom und Hagop, die mit Liyana in einer Klasse waren. Sie wollten sich zusammen einen französischen Film in der britischen Bibliothek anschauen.

Omer hatte gefragt: »Zu welcher Religion gehörst du?«

Die Abbouds hatten noch nie einer Kirche angehört, aber vielleicht wäre es dann einfacher gewesen. Susan beantwortete solche Fragen mit ›wir sind eine spirituelle Familie und nicht im traditionellen Sinn religiös‹.

Die meisten Leute sagten dann: »Häh?«

Sie wollten von einem hören, ich gehöre in diese und diese Schublade.

Omer verstand sofort, was sie meinte. Er würde immer gefragt, ob er religiös oder säkular sei. »Ich habe jüdische Hände, jüdische Knochen, jüdische Geschichten und eine jüdische Seele. Aber ich befolge nicht die religiösen Gebote, außer an den hohen Feiertagen. Die feiern wir mit der Familie.«

Liyanas Familie glaubte an Gott. Für sie galt die alte Regel – Handle anderen gegenüber so, wie du wünschst, daß andere dir gegenüber handeln – aber wer tat das nicht? Moskitos.

Susan glaubte ernsthaft an Karma. Nach dem hinduistischen Glauben kehrt das, was man jetzt im Leben tut, zu einem zurück, vielleicht nicht gerade übermorgen, aber doch am Ende. Liyana gefiel die Vorstellung des achtfachen Pfades im Buddhismus und die Idee von *Bodhisattwa.*

Die Seele, die Gutes für andere tut, ohne dabei an sich zu denken. Sie hoffte, in ihrem Leben solche Menschen zu treffen (die eigenen Eltern nicht mitgezählt). Rafik glaubte an Räucherstäbchen, die nach Sandelholz rochen.

Liyanas gesamte Familie glaubte an die Seelenwanderung, weil es ihnen vernünftig erschien. Sie wollten nicht so bald für immer Auf Wiedersehen sagen. Poppy meinte, er hätte gerne tausend Leben. Rafik wollte in Japan wiedergeboren werden, weil er dann mit einem dieser rasenden Züge würde fahren können.

»Und was passiert dann?« hatte Omer gefragt. »Wo sollen die alle hin? Du weißt doch, Überbevölkerung und so.«

»Keine Ahnung. Vielleicht können sich Seelen aufteilen, oder so.« Liyana war an den Einzelheiten nicht wirklich interessiert.

Sie wollte sich einfach verschiedene Leben als eine aufeinanderfolgende Kette vorstellen. Sie hatte schon immer eine Sehnsucht nach einem anderen Leben verspürt.

Poppy war überzeugt, daß jede Religion einige glänzende Ideen und jede Menge Schwachsinn beinhaltete.

»Der größte Schwachsinn ist, wenn man anfängt, dir zu erklären, diese Religion wäre die einzig wahre. Oder die beste. Dann pack ich meine Sachen und verschwinde.«

Poppy war immer unterwegs, von einer guten Geschichte wechselte er zur nächsten. Aber die prachtvollen Kirchengebäude mochte er überhaupt nicht. »Was hätten die alles mit dem Geld machen können! Zum Beispiel hätten sie den wirklich Armen damit helfen können!«

Als sie noch in Amerika wohnten, klopften einmal drei Damen an ihre Haustür. Poppy war allein zu Hause . »Wir möchten Ihnen von Jesus Christus erzählen«, erklärten sie, und er dachte sich: ›Ich bin in Jerusalem geboren, ein Katzensprung von Bethlehem entfernt, und die glauben, mir was erzählen zu können!‹

Aber er sagte: »Kommen Sie herein, kommen Sie.« Er entschuldigte sich für einen Augenblick, marschierte ins Schlafzimmer, zog einen weiten grauen Umhang an und eine karierte *Kaffieyeh* auf den Kopf, etwas, was er sonst nie trug, und kehrte zu den verdutzten Damen zurück.

»Aber erst«, sagte er, »darf ich Ihnen etwas von Muhammed erzählen.«

Sie verließen das Haus auf der Stelle und kehrten nie wieder zurück.

Die Abbouds glaubten nicht an die Hölle oder daran, daß jemand »auserwählt« sei vor allen anderen – etwas, worüber Liyana mit Omer reden mußte. Er sah ganz verdutzt drein und meinte, daß die jüdische Vorstellung von »erwählt sein« mehr bedeutete, als er erklären könne. »Vielleicht sind die Juden auch auserwählt zu leiden. Oder um ein gutes Beispiel zu geben.«

Liyana sagte: »Wie man sieht, scheint das ganz schöne Probleme zu machen. Tut mir leid, aber ich mag das nicht. Glaubst du, daß du auserwählt bist? Das klingt wie ›Lehrers Liebling‹.«

Er wußte nicht, was sie damit meinte. »Es hat nichts damit zu tun, was ich glaube«, sagte er.

»Was meinst du damit?«

Omer sagte: » Es ist mehr wie – Geschichte. Eine historische Form – sich selber zu verstehen – und was passiert ist.«

Liyana machte eine finstere Miene. »Es ist die Geschichte, die uns alle diese Probleme bereitet«, sagte sie. »Solange sich jemand als ›auserwählt‹ fühlt, kann es nur schlimmer werden.«

»Und was ist mit der Familie deines Vaters im Dorf?« fragte Omer. »Wollen sie nicht, daß du Muslimin wirst?«

»Bis jetzt noch nicht, nein.«

»Ich würde sie gerne kennenlernen. Glaubst du, ich könnte mal mitkommen?«

»Ich hoffe«, antwortete Liyana.

Poppy wußte schon als Junge, daß man auf jedem Weg ein Körnchen Wahrheit findet. Er dachte darüber nach, welche Gründe es für die unterschiedlichen Ansichten gab. Kein Schweinefleisch! kam aus den alten Zeiten, als Schweinefleisch viel schneller als alles andere verdarb.

»Gibt es einen Sinn«, fragte er, »daß Gott das eine Volk auserwählt und die anderen abseits stehenläßt? Wenn einzig das Christentum oder die jüdische Religion die richtige ist, was wäre dann mit ganz Asien und dem Nahen Osten? Millionen von Menschen nichts als – Nebensache? Lächerlich! Gott ist größer als solches Denken.«

Bei jeder Art von Fundamentalismus lief es Poppy kalt den Rücken runter. Die Juden in Hebron hielten sich für ›Heilige Pioniere‹. »Fanatiker reden lauter als Liberale«, sagte er. »Vielleicht sollten wir gemäßigten Leute auch lauter reden.«

Omer meinte: »Dein Vater hat recht. Ich möchte ihn kennenlernen!«

Wasser und Asche

Immer wenn Liyana oder Rafik Geburtstag hatten, brachte Poppy seiner Frau Blumen mit nach Hause. Er wollte sich bei ihr bedanken, daß sie so wunderbare Kinder hatten. Einen Tag vor Liyanas fünfzehntem Geburtstag kam er nach der Arbeit mit einem riesigen Strauß weißer Rosen heim und sagte: »Was meinst du? Fünfzehn, das verdient etwas Besonderes, Königliches!«

Susan war noch bei dem englischen Radiosender, wo sie jetzt drei Tage die Woche arbeitete. Rafik erzählte gern: »Meine Mutter ist ein DJ«, aber der Sender brachte hauptsächlich Nachrichten, Interviews und Kochsendungen. Liyana tauchte unter die Spüle, um einen gläsernen Krug für die Rosen zu finden.

Das Telefon klingelte und Rafik ging ran. Dann rief er seinen Vater: »Schnell! Das ist Sitti, aber ich verstehe nicht, was sie sagt. Sie schreit ganz laut. Ich glaube, sie weint auch!«

Poppy ließ die Rosen mit den Köpfen nach unten hängen, während er zuhörte. Normalerweise übermittelte Abu Daoud Sittis Nachrichten, oder sie schrie aus größerer Entfernung in den Hörer. Sie wollte ›dieses Teil‹ nicht zu nah an sich haben, weil sie befürchtete, es könne ihr einen Schlag versetzen.

Poppy stellte einigen Frage, dann blieb er lange stumm. Schließlich knallte er den Hörer auf, nachdem er Sitti gesagt hatte, sie würden sofort zu ihr kommen. »Was? Was ist los?« fragten Liyana und Rafik gleichzeitig.

»Ich sag´s euch im Auto.«

Da war er schon durch die Tür.

Während sie zum Dorf rasten, erfuhren sie von Poppy,

daß israelische Soldaten im Dorf erschienen waren und Sittis Enkelsohn Muhamed gesucht hatten. Der hatte die letzten zwei Jahre in Jordanien gelebt und dort studiert, er wollte Apotheker werden. Poppy meinte, Liyana würde ihn mögen, weil er viel Humor hätte. Dazu konnte sie nichts sagen, sie kannte ihn nicht.

Sitti hatte den Soldaten nur gesagt: »Er ist nicht zu Hause.« Es klang so, als würde er jeden Moment um die Ecke kommen. Aber das hätte sie auch über ihren gestorbenen Ehemann sagen können.

Poppy erzählte, die Soldaten hätten sie beiseite gestoßen und wären ins Haus, um es zu durchsuchen. Sie rissen die Schubladen heraus und holten die Babypuppen aus dem Schrank. Sitti sagte: »Er ist nicht da drin.« Sie zerbrachen den kleinen blauen Teller, den sie so gern hatte. »Was machen Sie da?« schrie sie auf. Sie waren zu viert gewesen.

In Sittis Badezimmer zerschlugen sie die Wanne mit den schweren Metallstöcken, die sie bei sich trugen.

Rafik wunderte sich: »Die Badewanne, warum?«

Liyana wurde nervös bei dem Gedanken, die Soldaten könnten noch im Dorf sein. Ob sie dann auch noch drankämen?

Poppy berichtete weiter. »Sie schlugen auch das Waschbecken kaputt. Dann strömte das Wasser aus den Leitungen in den Raum und Sitti bekam Angst. Sie dachte, sie würde ertrinken. Das Wasser würde bis unter das Dach steigen. Natürlich ist es auf den Hof geflossen. Abu Daoud hörte das Geschrei und kam angelaufen. Er drehte die Wasserhähne zu, hoffe ich. Auf jeden Fall meinte sie, jetzt würde das Wasser nicht mehr fließen. Dann schlugen die Soldaten auch die Toilette kurz und klein ...«

»WARUM?« unterbrach ihn Rafik.

Poppy riß den Wagen zur Seite, um einem Schaf auszuweichen. Seine Stimme klang gepreßt und hart. »ES

GIBT KEIN WARUM. Mir hängen diese Geschichten unglaublich zum Hals raus. Was meinst du, wie oft ich sie jeden Tag von meinen Patienten höre? Ich erzähle sie euch nicht. Ich kann sie nicht erzählen. Und ich hatte gedacht, es wäre hier besser geworden.«

Liyana meinte ganz leise: »Und ich dachte, es gibt immer ein Warum.«

Die Schatten neben der Straße wurden länger, es war später Nachmittag. Die Sonnenstrahlen verbreiteten ein mildes Licht ... egal, was die Menschen taten.

Vor Sittis Haus hatte sich eine kleine Gruppe von Männern und Frauen versammelt. Sie begrüßten Poppy und die Kinder mit einem Nicken. Rafik war als erster im Haus und rief: »Sittis Haus ist ein Scherbenhaufen!«

Sitti war am Aufwischen und weinte dabei ununterbrochen. Liyana versuchte, ihr den Wischlappen aus der Hand zu nehmen, aber sie schubste sie weg. Eine alte Frau, die Liyana nicht kannte, kniete auf dem Boden und schrubbte ihn mit einigen Stoffetzen.

Alle hatten was über die Soldaten zu sagen. Poppy übersetzte es ihnen. Die Soldaten fuhren in einem Lastwagen weg. Wir hassen ihre Lastwagen. Es hieß, sie würden uns in Ruhe lassen. Wir dachten, Frieden bedeutet, daß sie wegbleiben.

Was hatten sie gewollt? Muhamed. WARUM? Zwei Stunden lang sprach Poppy mit allen möglichen Leuten. Keiner wußte was. Muhamed las Bücher. Konnten Bücher gefährlich sein? Poppy versuchte, die Polizei in Ramallah anzurufen, aber die Leitung war tot. Die Soldaten hatten sie durchgeschnitten. Poppy hielt sich die Hände vor den Kopf. Dann sagte er kopfschüttelnd: »Das ist so demütigend ...«

Er versuchte, Sitti zu beruhigen, aber sie war untröstlich und wimmerte wie eine verwundete Katze. Sie schien trauriger wegen des blauen Tellers zu sein als wegen der

Toilette. Sitti rückte die Scherben mit den Fingern hin und her und versuchte, sie zusammenzulegen.

Rafik und Liyana saßen in der Ecke, unsichtbar wie die Zitronen in der Schüssel auf dem obersten Regal. Badezimmer waren nicht billig und Sitti war nicht reich.

Widerstrebend willigte Sitti ein, die Nacht im Haus von Tante Saba zu verbringen, faltete ein Kleid für den nächsten Tag zusammen und ihren Gebetsteppich und ein Handtuch. Sie murmelte etwas Unverständliches vor sich hin.

Gemeinsam gingen sie durch das erstarrte Dorf. Selbst die streitenden Vögel schienen verstummt. Und die Kinder, die sonst immer etwas vom Dach herunter riefen, machten kein Geräusch.

In Ramallah hielt Poppy bei einem Installationsgeschäft, damit er einen Spengler beauftragen konnte, am nächsten Tag die Schäden zu reparieren.

Zu Hause angekommen, trafen sie auf eine aufgelöste Ehefrau und Mutter. Sie kam ihnen im Treppenhaus entgegen. »Kein Zettel! Habt ihr eine Ahnung, wie spät es ist?!«

Sie beruhigte sich, als Rafik erzählte, was geschehen war. Dann brüllte sie los: »NEIN! Das arme kleine Badezimmer! Aber warum? Warum das Badezimmer?«

»Es gibt kein Warum«, zitierte Liyana. Sie hob den ersten Teil der Tageszeitung hoch und las, daß der jüdische Vizebürgermeister von Jerusalem vorgeschlagen hatte, zweitausend arabische Häuser in Ost-Jerusalem abzureißen, um Platz für ein jüdisches Viertel mit fünfzigtausend Menschen zu schaffen. In dem Artikel stand nichts über Schmerz oder Wohlfühlen oder Trauer oder Ehre.

Liyana ging mit dem Zeitungsteil und einem Streichholzkästchen nach draußen.

Auf der nackten Erde zündete sie die Zeitung an zwei Ecken an. Sie fing erst langsam Feuer, dann brannte eine helle, hohe Flamme. Das Feuer fraß die Wörter. Liyana blies die Asche in den Wind.

Später erzählte ihnen Sitti, daß ihre neue Badewanne wie eine trinkende Kuh klang, wenn sie das Wasser runterschluckte.

Fünfzehn

In dieser Nacht träumte Liyana von einem Kuchen, der von ihrem Teller ins Meer fiel und von ihr wegschwamm. Sie stand bis zu den Knien im Wasser, gefesselt vom Sog einer mächtigen Welle, und versuchte wie wild, mit beiden Händen danach zu greifen.

Und es war Omer, dem sie zurief: »Rette ihn! Kannst du ihn erreichen?«, aber er schwamm zu weit draußen. Liyana schrie und winkte heftig. »Es tut mir leid! Ich wollte ihn mit dir teilen.« Doch er konnte sie nicht hören. Er schwamm in die andere Richtung. Und der Kuchen ertrank.

Als sie wach wurde, war ihr Geburtstag und Susan sang im Flur. Poppy stimmte ein, traf aber den Ton nicht. Rafik tat so, als spielte er Posaune. »Pfannkuchen zum Frühstück!«

Liyanas Platz am Eßtisch war voller Glückwunschkarten mit handgemalten lustigen gelben Gänseblümchen. »Anderthalb Jahrzehnte«, hatte Rafik geschrieben. »Bist du jetzt eine Antiquität?«

Poppy hatte seine Karte halb auf englisch und halb auf arabisch beschrieben. »Für meine bald zweisprachige Tochter!« hieß es auf englisch. Die arabischen Buchstaben konnte Liyana inzwischen unterscheiden – da gab es welche, die wie Schornsteine aussahen oder wie ineinandergedrehte Kanten. Wörter aber konnte sie noch nicht entziffern. Also las er ihr vor: *Ich bin stolz auf dich. Was für ein Jahr war das letzte!*

Mom hatte einfach nur in verschnörkelter Handschrift *Für meine Königin – mit 15* geschrieben. Sie war schon mit dem Rührstab beschäftigt. Es sollte Ananas-Torte geben, Liyanas Lieblingkuchen. »Ich habe etwas ganz Seltsames über einen Kuchen geträumt«, sagte Liyana.

Als Poppy nach unten ging, um das Geschenk für Liyana aus dem Kofferraum zu holen (fünfzehn neue Kladden, darunter einige Schmuckstücke aus Europa und fünfzehn neue Füller) entdeckte er ein silbernes Päckchen auf der Schwelle. Er trug es nach oben und hielt es dabei weit von seinem Körper weg. »Ist es nicht traurig«, sagte er, »woran man heutzutage denkt? Sollten wir uns nicht einen Spürhund anschaffen? Früher haben Leute nie an so etwas gedacht.«

Da aber eine Karte mit Liyanas Namen in Handschrift und fehlerfrei geschrieben dabei war, öffnete sie das Päckchen und hielt den Atem an.

Es war die grüne Lampe!

Auf einem mehrfach gefalteten Zettel stand: »Keine Sorge. Ich habe sie gegen Arbeit eingetauscht, nicht Bargeld. Alles Gute zum Geburtstag, Omer.«

Liyana wunderte sich, wie er es geschafft hatte, das Päckchen in aller Frühe zu ihrem Haus zu bringen. Er mußte mit dem Taxi aus Jerusalem gekommen sein, es abgestellt haben und dann mit demselben Taxi zurückgefahren sein.

Poppy meinte mit säuerlichem Lächeln: »Ob das ein passendes Geschenk ist? Von einem jungen Mann an eine junge Frau?«

Aber Susan sagte: »Es ist schon in Ordnung! Es sind keine Juwelen, verdirb ihr nicht die Freude!«

Ihre Mitschüler zuckten nur mit den Schultern, als Liyana beschrieb, wie zerstört Sittis Badezimmer gewesen war. Die Menschen gewöhnen sich an Katastrophen. Außerdem war ja niemand gestorben.

Während des Unterrichts war Liyana immer wieder abgelenkt. Ihr Geburtstag löste widersprüchliche Gefühle aus. Sie starrte aus dem Fenster und schaute den ziehenden Wolken hinterher. *Ich vermisse dich. Ich will dich sehen. Du würdest nie so was tun, was die Soldaten gemacht haben,* gab sie den Wolken für Omer im anderen Teil der Stadt mit auf den Weg. In ihre neue Kladde schrieb sie nur fünf Wörter: *Ich liebe dein erstaunliches Gedächtnis.*

Die Geschichte des Küssens

Am Samstagmorgen konnten sie es kaum erwarten, in die amerikanische Bibliothek zu kommen, wo sie oft ihre Hausaufgaben erledigten. Anschließend wollten sie sich mit Poppy zum Essen treffen.

Liyana konnte sich nicht konzentrieren. Immer wieder stand sie auf und holte ein Nachschlagebuch nach dem anderen aus dem Regal und blätterte sie durch. Dabei entdeckte sie alte Ausgaben über Palästina, die detaillierte Zeichnungen der Altstadt enthielten, und *Leben in Palästina, als Jesus lebte.* Es war 1926 erschienen und beschrieb ausführlich die damaligen Lebensgewohnheiten.

Die Ablenkung war aber nur von kurzer Dauer. Insgeheim hoffte sie, Omer würde auftauchen. Und diese Hoffnung war nicht ganz unbegründet.

An ihrem Geburtstag hatte sie Omer angerufen, um sich für die wunderbare Überraschung zu bedanken. Seine Mutter, die nur schlecht Englisch sprach, war am Telefon gewesen, und Liyana hatte dreimal nach ihm fragen müssen.

Omer wirkte ganz schüchtern, als sie ihm sagte, wie sehr sie sich über sein Geschenk gefreut hatte. Er erkundigte sich, was sie in der letzten Zeit so gemacht hatte. Seit einigen Wochen hatten sie ihre Mittagspause nicht mehr zusammen verbringen können, weil er in dieser Zeit mit seiner Schulmannschaft für einen Diskutierwettbewerb hatte üben müssen. Liyana hatte mehr als einmal erwähnt, daß sie und Rafik am Samstagmorgen in der amerikanischen Bibliothek waren und dort lernten.

Endlich öffnete sich die schwere grüne Tür des Lesesaals. Omer trug ein kariertes gelbes Hemd und schien etwas zu suchen. Liyana war glücklich; sie stand auf, um ihn zu begrüßen, und zum ersten Mal umarmten sie sich ganz eng und fest. Sie preßte ihr Gesicht gegen seine Schulter. Es duftete wie Sonnenschein.

Liyana stellte Omer ihrem Bruder vor, der nur meinte: »Stimmt's, daß du Fußball spielst?«

Omer formte ein Blatt zu einem winzigen Ball und klickte ihn quer über den Tisch. »Ich habe den Ball gemacht, jetzt machst du das Tor«, flüsterte er.

Sie wandten sich ihren jeweiligen Hausaufgaben zu, flüsterten, lachten und machten Witze, bis die Bibliothekarin an ihrem Tisch stand. »Ihr werdet jetzt bitte Ruhe halten, sonst bin ich gezwungen, euch zum Gehen aufzufordern.« Da war es erst recht schwer, nicht zu lachen.

Liyana mußte ein Referat über einen Schriftsteller vorbereiten. Sie hatte sich für Mark Twain entschieden. Erstens kam er aus Missouri, und zweitens hatte sonst niemand in ihrer Klasse einen amerikanischen Schriftsteller gewählt. Alle anderen beschäftigten sich mit Shakespeare, Dante oder John Milton. Als sie im Literatur-Regal nach einer alten Ausgabe von Huckleberry Finn suchte, um sie mit ihrer zu vergleichen, stand Omer am anderen Gangende, um die riesige Weltkarte an der Wand nach einigen russischen Ortsnamen abzusuchen. »Wir müssen darüber schreiben, wo unsere Vorfahren herkamen«, sagte er. Sie hatte bisher nicht gewußt, daß seine Großeltern aus Rußland gekommen waren.

Irgendwie brachte sie es nicht fertig, an den Tisch zurückzukehren, solange Omer noch am Ende des Gangs stand. Sie las die Titel von den Buchrücken im Regal und fühlte sich wie angewurzelt, festgehalten von seiner Anwesenheit. Er drehte sich um und kam zu ihr. Flüsternd fragte er: »Was denkst du gerade?«

Statt einfach *an dich* sagte sie *an Mark Twain.*

Er berührte sanft ihre Ellbogen, beugte sich vor und legte seinen wunderschönen Mund auf ihren.

Ein Kuß. Reißender Strom. Strudel über den Felsen. So verwirrend wie das erste Mal, aber schöner, weil es bei Tageslicht geschah.

Es hörte nicht auf.

»Liyana«, sagte er, »... ich hab dich gern.«

»Oh«, sagte sie. »Ich auch ... ich hab dich auch gern.«

Er sagte: »Und du bist nicht sauer?«

»Nein!«

Er lächelte und küßte sie ganz zart auf die rechte Backe, wie die Berührung einer Feder.

Rafik hatte in der Zwischenzeit in allen Einzelheiten ein Fußballfeld gezeichnet. Omer beugte sich zu ihm und sagte: »Schlechte Nachrichten, mein Freund. Ich muß zu meinem eigenen Fußballspiel – und zwar jetzt sofort. Willst du mitkommen?«

Rafik konnte nicht, weil er und Liyana mit Poppy um zwei im Philadelphia zum Essen verabredet waren. Aber Liyana konnte sehen, wie sehr er sich über die Einladung freute.

Als er ging, tauschten Liyana und Omer einen langen Blick. Sie grinsten leicht. Sie legte einen Finger auf ihre feuchten Lippen. Rafik bekam nichts mit.

Dann ging sie hinüber zu den Nachschlagewerken und holte eine Enzyklopädie aus dem Regal, um nachzusehen, ob da etwas über *Küssen* stand. Aber zwischen *Küssaburg* und *Kusser* war da nichts zu finden.

Sie wußte, daß es Eskimos gab, die lieber die Nasen aneinander rieben als küßten. Gott sei Dank war sie nicht da auf die Welt gekommen. In ihre Kladde schrieb sie eine Küssen-Liste:

Zitronige Lippen
Warme Magnete, die sich gegenseitig anziehen
Straße, kreuz und quer mit Tauen durchzogen
Geheime Kraftfelder
Elektrodynamisch

Dann wanderte sie hinüber zu dem Regal, auf dem

frisch eingetroffen stand (In diesem Regal hätte sie auch stehen müssen). Ihr Blick fiel auf *Naturgeschichte der Sinne* und war von Diane Ackerman. Sie klappte es auf und fand in dem Abschnitt *Berührungen* ein ganzes verblüffendes Kapitel über Küssen.

Sie schleppte das Buch zu ihrem Tisch, auf dem schon Rafiks gesammelte Unterlagen zum Thema *Berühmte Flüsse der Welt* ausgebreitet waren. Sie setzte sich so, daß Rafik nicht sehen konnte, was sie las, und begann. »Es gibt wilde, hungrige Küsse und es gibt schwindelerregende Küsse, und es gibt Küsse, die sind flockig und weich wie die Federn eines Cockatoos (Papagei in Neu Guinea).« Sie hatte einen solchen Vogel noch nie angefaßt, aber der Klang des Namens gefiel ihr.

Liyana schrieb eine ihrer ›ersten Zeilen‹: *Sich wohl fühlen ist wie ein schwerer Mantel, also zog ich ihn aus.*

Die Autorin beschrieb ihre Erinnerungen an das Küssen in der High School und benutzte dabei eine ausführliche Liste an Adverbien – *schöpferisch, außergewöhnlich, zärtlich, kompliziert, schöpferisch ... verstohlen, wenn wir uns zwischen den Stunden im Flur trafen ... seelenvoll in den dunklen Ecken bei Konzerten ... wir küßten Kleidungsstücke oder andere Gegenstände, die dem Jungen gehörten ... wir küßten unsere Handflächen, wenn wir den Jungs Kußhände zuwarfen ... wir küßten nachts unsere Kissen ...* OH!

Liyana wußte, das war das Buch für sie. Letzte Nacht, genau die Nacht vor dem heutigen Tag, hatte sie ihr Kissen geküßt und gemeint, sie müsse zerspringen.

Ziegenkäse

Poppy meinte, wenn sie ins Tote Meer gingen, würde das Salz hinterher an ihrem Körper kleben. Sie müßten auf jeden Fall danach duschen.

Rafik hatte so sehr genervt, daß Poppy jetzt mit Liyana, Rafik, Khaled und Nadine über die abschüssige, kurvige Straße in Richtung Jericho fuhr. Susan hatte sich mit ihrer Frauengruppe für das Wochenende verabredet. Sie würden zehn Meilen durch die Wildnis nach Norden ziehen, um dort *einsiedlerische Nonnen* zu besuchen, die bei ihrem Besuch gar nicht mehr einsiedlerisch sein würden.

Rafik und Liyana hatten Badezeug unter ihrer Kleidung, Wasserflaschen, Handtücher und einen Korb mit kleinen Bananen. Khaled und Nadine würden in ihren Kleidern ins Wasser gehen. Sie hatten etwas zum Wechseln dabei, eingerollt und mit einer Schnur zusammengehalten.

Das Sonnenlicht vibrierte über dem goldenen Sand. Der Himmel war wolkenlos. Sie freuten sich, den Lärm der Stadt hinter sich gelassen zu haben.

Hinter einer Kurve schrie Rafik plötzlich: »Halt!«

Poppy haßte es, wenn plötzlich im Wagen geschrieen wurde. Er bremste scharf und fuhr an den Rand. Die Straße hatte keine breiten Parkstreifen wie in Amerika. »Du sollst mich nicht erschrecken! Was ist los?«

Rafik streckte die Hand aus. »Ich will zu denen.«

Poppy und Liyana, die mit vorne saß, hatten die Beduinenzelte nicht einmal bemerkt. Sie lagen abseits der Straße in einer Senke zwischen zwei Hügeln. Poppy und Liyana hatten sich gerade über Sittis neue Begeisterung für schwarze Pullover unterhalten. Sie hatten ihr gerade zwei gekauft, und jetzt wollte sie noch einen, aber mit Taschen bitte!

»Du HAST gesagt, wir können die Beduinen besuchen!« Rafiks Stimme von hinten war unnachgiebig. Er bat nicht oft um etwas. »Bitte!« Khaled und Nadine unterhielten sich auf arabisch.

Poppy schaute auf seine Uhr. »Wenn wir jetzt aussteigen, schaffen wir es wahrscheinlich nicht mehr zum Toten Meer. Sie werden uns den ganzen Tag hierbehalten.«

»Wir rennen einfach weg.«

Poppy beugte sich nach hinten. »Khaled, was meinst du?«

Khaled wollte nie über andere bestimmen. Seine Stimme blieb ganz sanft. »Ich meine … ja?«

Liyanas entdeckte ein kleines Kamel zwischen den flatternden schwarzen Zelten. Sie hatte, seit sie im Land waren, noch keins gesehen. In Poppys Kindheitsgeschichten und Volksmärchen kamen immer irgendwelche Kamele vor, aber sie schienen seit damals aus diesem Land verschwunden zu sein. Wo waren sie hin? Waren sie alle nach Saudi Arabien oder Abu Dhabi gewandert? Liyana hätte es gerne von nahem betrachtet.

Also sagte sie: »Komm schon, Poppy! Laß uns ein paar Minuten hierbleiben.« Nadine lachte.

Poppy stöhnte: »Die Minute eines Beduinen ist wie eine Stunde für dich. Oder zwei oder drei. Glaub mir.«

Er lenkte den Wagen weiter von der Straße weg, hatte aber immer noch Bedenken. »Und wenn wir in einer Sanddüne steckenbleiben? Was, wenn der Sand wandert und das Auto unter sich begräbt, während wir im Zelt sitzen?«

Aber seine Kinder waren unnachgiebig.

Poppy hatte erzählt, daß die Beduinen jetzt weiter voneinander entfernt lebten, nicht mehr in so großen Familienverbänden wie früher, und daß sie sehr freundlich seien.

Sie marschierten auf die Zelte zu. Auf halbem Weg machte Poppy kehrt, um den Korb mit den Bananen zu holen. »Beduinen bringt man immer Geschenke mit«, sagte er.

Hinter den Zelten waren die Frauen des Stamms damit beschäftigt, kleine Teppiche auszuschütteln. Daneben spielten Kinder in bauschiger Kleidung mit Stöcken, einem Ball und großen Blechbehältern, und vor dem größten Zelt saßen hochgewachsene Männer mit schmalen Gesichtern. Sie trugen schwarze Umhänge und Tücher auf dem Kopf, die von riesigen Nadeln zusammengehalten wurden.

Das Kamel scharrte mit den Füßen, als sie näher kamen, und beobachtete sie genau. Auf einem schwarzen Tuch lagen kleine weiße Käsestücke wie vollkommen geformte Monde zum Trocknen in der Sonne. Nadine sprach ganz aufgeregt auf Khaled ein. Auf englisch sagte sie nur: »So viele!«

Als sie näher kamen, standen die Männer auf. Poppy sprach schnell und herzlich mit ihnen, und schon saßen sie mit den Beduinen im Kreis zusammen. Alle lachten, nickten und stellten Fragen über Amerika. Die Frauen brachten Tee und geschnittenen Käse.

Rafik schien sich unwohl zu fühlen. Er haßte weißen Käse, Liyana grinste nur.

Poppy übersetzte: »Sie sind bereit, euch zu adoptieren. Seht ihr? Ich hab's euch gesagt. Bereitet euch auf einen langen Tag vor. Ich habe ihnen erzählt, daß wir arabische Amerikaner sind, und sie waren entsetzt. Sie wußten nicht, daß es so etwas gibt. Wir sind seit langem die ersten Besucher. Früher haben die Leute öfter haltgemacht. Die Beduinen ziehen auch nicht mehr soviel umher wie früher. Jetzt tauschen sie ihre Plätze vielleicht einmal im Jahr, statt alle paar Monate. In Saudi Arabien haben sie alle Beduinen in Städten angesiedelt. Eine Schande. Sie haben eine so große Tradition.«

Rafik hatte riesengroße Augen. Dachte die Frau vielleicht, er würde den ganzen Käse essen? Warum schauten ihn alle an und nicht Khaled? Ob ihnen sein rot-blau gestreiftes T-Shirt gefiel? Nadine nahm sich vier Stück Käse, das sorgte für Ausgleich.

»Wie leben Beduinen?« fragte Liyana. »Ich meine, wo bekommen sie Geld her?«

»Geld? Siehst du hier Geld? Sie brauchen nicht viel. Die Ziegen weiden auf einem Stück Gras irgendwo jenseits der Hügel. Die Leute schlafen hier, sie essen hier. Ihr Leben ist sehr einfach.«

Jetzt war es Liyana klar: Wenn sie erwachsen war, wollte sie wie die Beduinen leben.

Eine Frau mit freundlichen Augen schleppte zwei Trommeln aus Ziegenfell an. Obwohl Poppy meinte, die Beduinen würden erst nach Sonnenuntergang Musik machen, begannen zwei junge Männer, sie mit schnellen Rhythmen zu unterhalten. Sie wiederholten dabei ununterbrochen dieselben Worte und denselben Rhythmus. Liyana klatschte in die Hände und summte mit. Das gefiel ihren Gastgebern. Nadine schnipste mit den Fingern, und ein Beduinenmädchen mit geflochtenen Haaren drehte und drehte sich wie hypnotisiert. Khaled bekam auch eine Trommel und begann mit raschen, präzisen Bewegungen zu spielen. Rafik lehnte sich gegen die Zeltwand, so weit wie möglich weg vom Käse. Er nickte tapfer, wenn die Frauen darauf zeigten.

Sie saßen inmitten des sanften Auf und Ab der Hügel, abgeschirmt von der Straße und den wenigen Autos und Geländewagen, die vorbeifuhren. Liyana fühlte sich wie im Himmel. Ihre Augenlider fielen zu. Die Musik versetzte sie in Trance. Sie wünschte, ihre Freunde aus Amerika und ihre Mutter wären bei ihr – Frauen, die als Einsiedlerinnen leben, konnten doch nicht interessanter sein als das hier.

Nach der neunundneunzigsten Strophe stand Poppy auf. Die Beduinen protestierten. »Bitte, ihr müßt die Nacht hier verbringen.« Poppy lachte und versprach, sie würden wiederkommen. Was sollten sie ihnen aus der Stadt mitbringen? Die Beduinen wollten, daß Rafik einen Käse mit nach Hause nahm, einen frischen, nicht den strengen, den sie gegessen hatten. Poppy ließ die Bananen und den Korb zurück. Es war der Lieblingskorb von Liyanas Mutter. Ob sie deswegen sauer sein würde?

Als sie zum Wagen zurückgingen, standen alle Beduinen traurig dabei und blieben, bis sie abgefahren waren.

Poppy sagte zu Rafik: »Schade, jetzt bist du ja gar nicht auf dem Kamel geritten. Es ist ihr letztes. Sollen wir zurückfahren?« Rafik dachte darüber nach. Er drehte sich um und winkte sehnsüchtig. Liyana sagte: »Vergiß nicht, Kamele können spucken.«

Das Wasser des Toten Meers war so salzhaltig, daß Liyana sich nach zehn Minuten wie gepökelt vorkam.

»Es ist siebenmal salziger als der Ozean!« rief ihr Poppy zu. Er lief am Wasser auf und ab und hatte eine weiße Baseballkappe fest über das dicke Haar gezogen. Schwimmen war ihm verhaßt. »Wie fühlt ihr euch am niedrigsten Punkt der Erde?«

»Tief unten.«

»Auf Grund gelaufen.«

Sie saßen praktisch auf der Oberfläche des Wassers wie auf unsichtbaren Liegestühlen. »Wie komisch!« rief Rafik. Er paddelte wie eine Ente und kam rasch vorwärts. Khaled lachte ausgelassener als sonst. »Mochtest du die Beduinen?« fragte Liyana ihn.

»Sehr«, antwortete er. »Hab ich dir schon erzählt, daß Sidi, mein Großvater, von Beduinen abstammt? Als ich klein war, hat er mich manchmal mitgenommen. Es war wie heute.«

»Wo ist er jetzt?«

»Er ist tot. Er und meine Sitti auch. Ich habe es gesehen.«

»Was gesehen?«

»Die israelischen Soldaten haben ein Haus in die Luft gejagt. Das Haus fiel auf meine Großeltern. Sie hatten nichts mit der Sache zu tun.«

Eine einsame dicke Wolke trieb über sie hinweg. In der Ferne hupte jemand, Leute schwammen im See.

»Und was dann? Hat deine Familie sich irgendwie gewehrt?« fragte Liyana.

Khaled hatte vorher nie über persönliche Dinge gesprochen.

Zögernd antwortete er: »Meine Familie ... kämpft nicht gerne. Meine Eltern sind sehr ... traurig, bis heute. Sie werden ihre Trauer nie ablegen. Die schrecklichen Bilder waren lange in meinem Kopf ... Ich selber, ich werde nie kämpfen. Das macht den Kopf krank und macht nichts besser. Lieber ... traurig sein.«

Liyana sagte: »Ich denke, ich würde kämpfen. Nicht töten, aber brüllen oder so was.«

Auf dem Nachhauseweg erzählte Liyana ihrem Vater, was Khaled gesagt hatte. Poppy stellte ihm noch Fragen auf arabisch. Das Wasser hatte einen kleinen Riß in Liyanas Knie ausgewaschen. Es brannte. Sie sagte. »Khaled, nichts an diesem Meer scheint mir tot zu sein.«

Alle unsere Wurzeln reichen tief, auch wenn sie sich verheddert haben

Im März stieß Poppy in der Altstadt auf drei amerikanische Evangelisten, die sich total verlaufen hatten, und brachte sie mit nach Hause. Liyana dachte: Wenn ich seine Frau wäre, würde ich mich bedanken. Aber Susan stand in der Küche und summte glücklich vor sich hin. Die Deckel der Kochtöpfe klapperten, während die Besucher um den runden Tisch saßen, sich mit dem Pfefferminztee zuprosteten und geröstete Kichererbsen knabberten. Rafik zeigte ihnen den neuen Entwurf, den er für die *Star Trek Phaser* gezeichnet hatte. Damit konnte man die Planeten X, Y und Z in Schach halten. Die beiden Evangelisten, Reverend Crump und Reverend Holman, trugen leuchtend rot und dunkelblau gestreifte Krawatten, während die Frau, Reverend Walker, ein langes graues Kleid mit einem spitzenverzierten Kragen anhatte. Neugierig, wie sie war, fragte Liyana: »Mit wem sind Sie verheiratet?« und deutete auf die beiden Männer. Aber die Frau erklärte: »Schätzchen, ich bin mit dem WILLEN DES ALLMÄCHTIGEN verheiratet.«

Poppy erzählte, wie sie mit glasigem Blick umhergeirrt wären, als er sie vor dem Schuhladen, dort, wo die Straßen enger werden, angehalten und ihnen seine Hilfe angeboten hatte. »Unsere Landsleute!« Aber sie waren ganz anders als alle Menschen, die Liyana bisher in ihrem Leben getroffen hatte.

Reverend Walker verkündete: »Gott hat uns befohlen, eben jetzt den Berg Gilboa aufzusuchen, da die gesegnete Gilboa Iris nur diese drei Wochen im Jahr blüht. Also packten wir in Atlanta unsere Koffer und kauften die Tickets, Amen!«

Jetzt warteten sie auf weitere Anweisungen des Herrn, denn sie waren nur mit einem unvollständigen Reiseplan ausgestattet worden. Was sollten sie tun, nachdem sie die Blumen und die Geburtskirche und all die anderen heiligen Orte, von denen es ja jede Menge gab, gesehen hatten?

Poppy hatte einen Vorschlag. »Ich kenne ein Krankenhaus, das zur Zeit dringend auf Freiwillige angewiesen ist. Es ist in Gaza, alle Pfleger haben gekündigt, und die Schwestern sind völlig verzweifelt und nichts geht mehr. Nur ein oder zwei Tage Hilfe würde wie von Gott gesandt sein.«

Die Evangelisten schauten einander an. Reverend Holman hatte »Gesegnet sei der Herr!« gerufen, als Mom die Linsensuppe und den Krautsalat, der sie so an zu Hause erinnerte, serviert hatte. Dazu gab es noch gefüllte Weinblätter und warmes Brot. Die beiden anderen hatten mit einem kräftigen »Amen!« geantwortet. Als Poppy aber das Krankenhaus erwähnte, waren alle drei stumm geblieben.

Reverend Crumb erklärte, wie gerne sie ein Gebet auf Hebräisch für ihn gesprochen hätten. Poppy meinte, er selber würde auch keine Gebete in Hebräisch kennen, aber Liyana war überzeugt, daß sie nicht verstanden hatten, was er damit meinte. Als er in der Küche war, um eine frische Kanne Tee zu holen, beugte sie sich vor und sagte leise: »Wissen Sie, wir sind keine Juden.«

Als Nachtisch gab es Nußtörtchen und Tee. Plötzlich fragte Rafik in die Runde: »Wissen Sie, was meine Großmutter in ihrer Sammlung hat? Sie hat einen leere Gaspatrone, die israelische Soldaten irgendwann einmal vor ihr Haus geworfen haben. Darauf steht *Hergestellt in Pennsylvania.* Die Soldaten bekommen ihre Waffen und das Geld aus den Vereinigten Staaten.« Die Augen der Gäste weiteten sich noch mehr. Sie wußten nicht, was sie sagen sollten. Rafik strich Butter auf sein Brot.

Als wären Rafik und Liyana nicht da, sagte Reverend

Holman zu ihrer Mutter: »Für Ihre Kinder muß das hier alles sehr fremd sein, oder?«

Susan richtete sich auf und sagte stolz: »Ich glaube, sie kommen sehr gut zurecht.«

Rafik seufzte theatralisch und meinte: »Aber wir vermissen die Schulmilch in den roten Kartons.« Seine Mutter steckte Daumen und Zeigefinger zusammen und bewegte sie wie ein Krokodil sein Maul.

Nach dem Abendessen verschwanden die Besucher auf den Balkon, um über den Vorschlag mit dem Krankenhaus zu meditieren. Rafik und Liyana rümpften die Nase und flüchteten in Rafiks Zimmer.

An diesem Tag hatte ihr Erdkundelehrer vorgeschlagen, Araber und Juden sollten einmal für eine Weile die Plätze tauschen, um zu erfahren, wie es für den anderen ist. Aber Atom meinte, das wäre zu schwer und würde nicht klappen. Liyana war sich nicht sicher. Sie konnte sich nicht vorstellen, mit Rafik zu tauschen. Poppys Stimme rief sie zurück in das Wohnzimmer. »Wir vermissen euch hier!«

Reverend Crump bat um ein Glas Wasser, damit er seine *Anti-Panik-Pille* nehmen könne. Liyana hatte Mühe, ihr Lachen zu unterdrücken, und tat so, als müsse sie husten. Poppy fragte ihn, ob ihm das Essen nicht bekommen sei, und er antwortete »Die Nacht bringt eine brütende Melancholie hervor.«

Reverend Holman verkündete, sie würden jetzt nach Jordanien reisen, weil sie unbedingt die berühmte, in den Fels gebaute Stadt Petra besichtigen müßten und deshalb könnten sie nun doch nicht die freiwillige Arbeit in dem bedauernswerten Krankenhaus in Gaza auf sich nehmen. Aber *Gott ist allmächtig,* und sie würden das Krankhaus in ihre Gebeten einschließen.

Später, nachdem er sie nach Jerusalem zurückgefahren hatte. murmelte Poppy immer wieder »Heilig, heilig, heilig …«

Habibi

Dieses Wort begleitete sie seit ihrer frühesten Kindheit, umschwebte sie wie die Biene den Honig.

Habibi, Liebling, oder *Habibti,* die weibliche Form für Liebling. Poppy benutzte es vor dem Schlafengehen oder wenn sie vom Rad gefallen waren, als tröstender Sirup, damit sie sich wieder süß fühlten. Er sagte es morgens oder einfach mitten im Gespräch. Und er sagte es zum Abschied, wenn sie in die Schule gingen.

Was auch sonst immer passierte, Liyana und Rafik waren den ganzen Tag über seine Lieblinge und sie wußten das. Selbst wenn sie schlafen gingen und er noch im Krankenhaus arbeiten mußte, fühlten sie sein *Habibi.*

Susan nannte sie ›Schätze‹, ihre englische Version des Wortes. Sie gab ihnen zu essen, legte ihre Kleidung zusammen, auch wenn sie dies selbst hätten machen können, und preßte frischen Orangensaft, auch wenn es Orangensaft in Dosen gab.

Zu Hause gab es frischen Äpfelsalat mit Datteln, gebackene Mehlwurzeln, wunderbaren frittierten Kohl. Sie hatten einen Vater, der ihre Mutter in die Arme nahm. Sie hatten ein ›*Habibi,* sei vorsichtig‹ und ein ›*Habibti,* ich liebe dich‹. Das trugen sie mit sich herum wie eine seidene Schleppe. Liyana wußte, daß nicht jeder es so gut hatte.

Seit sie in Jerusalem war, lebte sie im Land der *Habibis.* Sitti rollte es ihnen auf der Zunge entgegen, und es balancierte in der Luft wie eine Seifenblase. Liyana und Rafik genossen es als Zeichen großen Interesses dieser Menschen, die sie kaum kannten.

Ihre überaus zahlreiche Familie bot ihnen Gläser voll kühler Limonade, in denen Minzzweige wie Strohhalme steckten, reichten ihnen die Schüsseln mit gerösteten Mandeln und die weichsten Kissen, damit SIE darauf sitzen konnten.

Im Gegenzug machten sie mit Liyanas Familie seltsame Erfahrungen. Liyana spielte für sie auf der Geige und erklärte ihnen, von Poppy übersetzt, daß sie irgendwann einmal in einem Sinfonieorchester in Europa spielen würde. Sie wußten nicht, was eine Sinfonie war. Liyana trug Blue Jeans mit bunten Flecken auf den Knien, und ihre Tanten flüsterten und zeigten darauf.

Poppy ermahnte sie: »Wenn jemand so rumläuft, ist er für sie der Ärmste der Armen.«

Aber Liyana sagte nur: »Und?« In ihrem Inneren wiederholte sie den Begriff ›Ärmste der Armen‹. Er fing an, ihr zu gefallen.

Liyana zerdrückte Kartoffeln in der Schüssel, tat Butter, Milch und Salz dazu, bis es ein Brei wurde, und bot ihn Sitti an. »*Mashed Potato* – Kartoffelbrei«, sagte sie. Sitti probierte es vorsichtig und lächelte. Dann nahm sie Liyana die Schüssel aus der Hand und schlang alles runter. Sie versuchte sich sogar an dem Begriff. »Mask bo-tay-toes.«

Es war das erste Mal, daß sie versuchte, etwas auf englisch zu sagen.

Liyanas Familie schien aus Menschen zu bestehen, die sich gerne irgendwo anschlossen, bei etwas mitmachen wollten. Poppy war einer Menschenrechtsgruppe beigetreten, die sich auf die medizinische Betreuung und Unterstützung von alten Menschen konzentrierte. Rafik gehörte jetzt zum Umweltklub an seiner Schule, sie kümmerten sich um Abfall und Recycling. Und Susan machte bei einem Frauengesprächskreis mit. Frauen unterschiedlichster Herkunft schrieben Leserbriefe und debattierten ihre optimistischen Ideen. Bald würde man sie zur Präsidentin machen. Nach dem ersten öffentlichen Treffen des Vereins schrieb ein Kommentator in der *Jerusalem Post, daß* der

Friedensprozeß enorm an Fahrt gewinnen würde, wenn andere Menschen ihrem Beispiel folgten.

Und Liyana? Sie gehörte zu nichts – außer zu den anonymen Beobachtern. Sie ging durch die Straßen Jerusalems, übte ihre neuen arabischen Wörter – und behielt sie für sich. *Ana tayyib* – mir geht es gut. *Wa alaykum essalaam* – Friede mit euch. *Schway* – ein kleines bißchen. Wassermelonen waren *hubbub.* Es war nicht schwerer, *Ana asif* – es tut mir leid – zu sagen als irgendwas anderes.

Aber die Leute taten sich sehr schwer damit. Zwei Taxifahrer hupten und hupten auf einer überlasteten Kreuzung und weigerten sich, Platz zu machen. Ein Junge warf einen Ball auf einen Geranientopf in Imm Janans Garten. Der Topf zerbrach.

Liyana war nicht besser. Eines Tages war der arabische Text in der Schule so langweilig und sie so geistesabwesend, daß sie eine ganze Seite aus ihrem Schulbuch riß. Der Lehrer befahl ihr, im Flur zu stehen, und schrieb einen bösen Brief an ihre Eltern. Auf arabisch.

Poppy sagte: »*Habibti,* bitte.«

Liyana ging alleine in Richtung des Flüchtlingslagers spazieren, sie blieb lange im rosafarbenen Licht stehen, das die ruhigen Bewegungen des Abends aufsog. Frauen nahmen Röcke und Unterhemden von der Wäscheleine. Wo waren Khalid und Nadine heute abend? Liyana ging es immer besser, nachdem sie sich mit ihnen unterhalten hatte. Einige Jungen polierten ihre Fahrräder mit Lumpen. Was pumpte ihre Hoffnungen auf?

»Poppy, glaubst du, daß es mal eine Zeit geben wird, in der alle gut miteinander auskommen?« fragte sie, nachdem sie wieder zu Hause war.

Er saß am Tisch und stellte Listen für das Krankenhaus zusammen.

»Nee.«

Was würde Liyana tun, wenn sie könnte?

Sie würde Omer leicht an der Schulter berühren und dafür sorgen, daß er für ganz viele ein *Habibi* wird. Sie würde insgeheim eine rote Mohnblume neben Sittis Kopfkissen legen und dann in die kühle Nacht hinaus verschwinden.

Bananen Ostern

Sie wurden wach und erlebten den ersten Schneesturm, der Jerusalem nach fünfzig Jahren an einem Ostersonntag heimsuchte. Poppy stand am Fenster und rief aus: »So was erwartet man hier doch gar nicht!«

Die Straße vor dem Haus schien wie eingefroren, nur einige Kinder in zerlumpten Jacken und zwei verirrte Ziegen waren zu sehen. Rafik rannte im Schlafanzug nach unten, hob den Kopf und öffnete den Mund. Später sagte er, der Schnee schmecke wie Tortenguß ohne Vanille.

Susan hatte versucht, süße Brötchen zu backen, aber der Teig wollte nicht aufgehen. »Dann nennen wir das halt süße Pfannkuchen«, sagte sie. Es war das erste Jahr, in dem keiner daran interessiert war, ob irgendwo Ostereier versteckt waren.

Liyanas Mutter wollte zu dem morgendlichen Gottesdienst im Garten der Grabeskirche. Poppy fuhr die gesamte Familie langsam durch den wirbelnden Schnee. Susan hatte es sich in den Kopf gesetzt, und nichts würde sie davon abbringen, egal, wie das Wetter war. Warum sollte sie ihren ersten Ostergottesdienst versäumen, hier, wo alles angefangen hatte? In den verwandelten Gärten standen arabische Familien und betrachteten fröhlich den Zauber in der Luft. Ob sie wußten, wie man Schneebälle macht?

Vor kurzem hatte Susan eine Sendung im Radio moderiert, die ›Debatte über die Gräber‹ hieß. Einige Leute glaubten, daß das Grab von Jesus gar nicht dort war, wo jetzt die Grabeskirche stand. Susan hatte sich auch gegen die offizielle Version entschieden und für eine Höhle in einem verwitterten Gestein optiert, wo jetzt eine kleine Gruppe überzeugter und frierender Menschen wartete.

Sie zitterten in ihren dünnen Mänteln, den Schals, Hüten und Handschuhen.

Die Sonne ging nicht auf.

Oder, wenn sie aufging, konnte das niemand sehen.

Auf den gebeugten Zweigen der Olivenbäumen lag Schnee. Die Menschen stand eng aneinander gedrängt neben den schneebedeckten Felsen, während ein Priester mit klappernden Zähnen seine Bibel festhielt und zu sprechen versuchte. Er sagte, Ostern gebe den Menschen ihre schönsten Hoffnungen. Es sei »das größte Fest des Jahres, der Triumphmarsch der menschlichen Seele.« Poppy beugte sich zu Liyana und flüsterte in ihr Ohr: »Jerusalem braucht bescheidenere Hoffnungen, alltägliche, winzige, besser ein Spaziergang als ein Marsch, davon gibt es schon genug.« Sie schloß die Augen und fragte sich, was diese Leute zusammengebracht hatte. Sie glaubten dem Priester, der ihnen versicherte, sterben wäre nicht einfach nur tot sein.

Viele in der Menge weinten. Wahrscheinlich hatten sie jahrelang davon geträumt, einmal hier dabei- sein zu können. Sie waren möglicherweise aus Kalifornien oder Spanien gekommen, und jetzt, in der unerwarteten Kälte, froren ihre Tränen auf den Wangen fest. Kurz vor Ende der Zeremonie taumelte eine große Frau mit schmalem Gesicht rückwärts und fiel nach hinten in den Schnee. Dabei berührte sie Liyana mit dem Ellbogen. Rafik meinte nur: »Wow!«

Poppy eilte an ihre Seite. Er hatte für solche Gelegenheiten immer Riechsalz in seiner Tasche. Er trug auch Aspirin und Nitroglyzerin und noch dies und das mit sich rum. Er beugte sich zu der Frau und sprach leise mit ihr. Sie schien nicht wirklich verletzt zu sein. Immer wieder fuhr sie sich durchs Haar. Poppy nahm ihren Puls und flüsterte mit ihr, während jemand anderer ein Taxi rief, das sie zurück in ihr Hotel bringen sollte. Sie meinte, sie müsse nicht ins Krankenhaus und verlöre jedesmal das Bewußtsein, wenn es ›gefühlsintensiv‹ würde.

Unabsichtlich hatte sie das letzte Gebet unterbrochen. Einige Amerikaner fingen nun an »How great Thou art« zu singen, damit es weiterging. Liyanas Augen wanderten neugierig in der Gruppe umher. Es überraschte sie total, als sie plötzlich ihren Bananenverkäufer entdeckte. Er stand etwas abseits rechts von der Gruppe und hatte einen viel zu großen blauen Pullover an. Seine Hände waren tief in den Ärmeln vergraben. Liyana hatte ihn noch nie ohne seinen Karren gesehen. Sie stieß Rafik in die Seite und flüsterte: »Sieh mal, wer da ist.«

Poppy half der Frau, die immer noch schwach in den Knien war, in den Wagen. Als das Taxi abfuhr, wandte er sich Liyana zu. Er grinste. »Weißt du was? Sie hielt den Schnee für ein Wunder. Es hat sie glatt weggefegt.«

Hinter Poppy war der Bananenverkäufer aufgetaucht. Liyana sah zum ersten Mal ein Lächeln auf dem Gesicht des winzigen Mannes. Auf arabisch sagte er »*Mabruk* – Glückwunsch!«

Liyana streckte den Arm aus, um ihm die Hand zu schütteln.

»*Fee mouz?*« fragte sie, was soviel bedeutete wie »Haben Sie eine Banane?« Aber vielleicht hieß es auch »Gibt es hier eine Banane?«

Wundersamerweise, so unerwartet wie Schnee zu Ostern und Fremde, die ohnmächtig vor einem zu Boden sinken, holte der kleine Mann lächelnd eine dicke, kurze Banane aus seiner Hosentasche und gab sie ihr. Sie versuchte, ihm dafür eine Münze in die Hand zu drücken, aber er winkte ab, lachte herzlich und sagte etwas auf arabisch, das sie nicht verstand.

Poppy war von diesem Zusammentreffen sichtlich verwirrt. »Was geht hier vor sich?« fragte er.

Liyana ließ die Banane vor seiner Nase baumeln. Eine gelbe Banane im weißen Schnee.

Rafik sagte: »Das ist das Osterei.«

Ein Tag könnte sich entfalten

Es war in der Mittagspause. Liyana hatte gerade am Zeitungsstand ein älteres Exemplar einer amerikanischen Frauenzeitschrift gekauft – eine Überraschung für ihre Mutter –, als sie hörte, wie auf der anderen Straßenseite, jenseits der untätig vor dem King David Hotel wartenden Taxis, jemand ihren Namen rief. Sie hob den Kopf.

Da tauchte auch schon Omer auf, kam auf sie zugerannt und sagte: »Du hast mir nicht gesagt, daß dein Name eine Bedeutung hat. Du bist eine Weinrebe! Ich habe das im Lexikon entdeckt, fast genau-so geschrieben – eine tropische Weinrebe aus dem Regenwald. Die Wurzeln tief in der Erde.«

Liyana grinste. »Wo bist du gewesen?«

»Wo bist DU gewesen? – Ich wollte dich gestern abend anrufen.« Es klang wie eine dieser kleinen Schwindeleien, die man immer sagt, aber es gefiel ihr.

Omer wollte sie zu einer Lesung in seiner Schule einladen. Einer der vielen Dichter, die es in Jerusalem gab, würde am Abend seine Gedichte vortragen. Sie meinte, sie müsse sehen, ob einer ihrer Eltern sie fahren könne, da es am Abend sei. Er zog einen Zettel aus der Tasche, auf dem etwas in Hebräisch geschrieben war, und zeichnete den Weg zu seiner Schule auf die Rückseite.

»Hast du noch meine Nummer?« fragte er.

Liyana dachte: *Ich bitte dich!*

»Na ja«, sagte er grinsend. »Du hast in letzter Zeit nicht mehr angerufen, da konnte ich nicht sicher sein.«

Er berührte sie für einen Augenblick am Arm, dann rannte sie los in das armenische Viertel zu ihrem Arabischunterreicht, der, als sie ankam, schon vor zwei Minuten begonnen hatte und sich damit beschäftigte, wie man auf arabisch Fragen stellt.

Wie früher, wenn sie Omer in der Mittagspause getroffen hatte, wurde der Nachmittag leichter, fröhlicher, wie ein Kuchenstückchen aus Blätterteig.

Auf dem Nachhauseweg leuchtete das Innere des Busses im Licht von Omers Lächeln. Die schwankenden Sitze, die quietschenden Bremsen, die Frauen mit ihren großen Tüten voller frischem Brot, der Glatzkopf des Busfahrers, alles leuchtete, leuchtete.

»Shookran!« rief Liyana dem Busfahrer zu, als sie ausstieg. »Vielen Dank!«

Sie war nicht immer so enthusiastisch.

Der Fahrer hob die Hände vom Steuer und antwortete lachend: *»Alham 'dul Allah!«*

Gelobt sei Gott! – daß ein Tag sich durch eine überraschende Einladung so entfalten konnte. Auf der Treppe nahm Liyana zwei Stufen auf einmal.

In der Wohnung traf sie auf ihren Bruder, der ihr mit todbleichem Gesicht erklärte: »Auf Khaled wurde geschossen. Und Poppy ist im Gefängnis.«

Wie viele Seiten gibt es von einer Geschichte?

»Was?« schrie Liyana. »Was soll das heißen? Wo ist Mom?«

Sie ließ ihre Schultasche auf den Boden fallen.

»Mom verschwand in einem palästinensischen Polizeiwagen. Ich mußte hierbleiben, um es dir zu sagen. Sie ist sehr sehr aufgeregt.« Rafik schien feuchte Augen zu haben.

»Wie paßt das alles zusammen?«

»Was – alles?«

»Poppy und Khaled!«

»Ich weiß nicht«, schluchzte er. »Ich habe dir alles gesagt, was Mom mir gesagt hat. Ismaels Vater hat mich nach der Schule hergebracht, Mom raste gleich durch die Tür in das Polizeiauto, das vor dem Haus stand. Das war so ein komisches Auto, ich habe sogar vergessen, was für eine Marke es war, und sonst weiß ich auch nichts!«

»Du mußt dich immer um die EINZELHEITEN kümmern!«

Liyana raste in die Küche und starrte das Telefon an. Sie hatte keinen Schimmer, wen sie anrufen sollte. In diesem Land gab es kein 911. »Komm, wir gehen in das Lager und suchen nach Nadine«, sagte sie. »Vielleicht weiß sie etwas.«

Liyana und Rafik sprinteten nebeneinander die Straße entlang, ohne ein Wort zu reden. Das Flüchtlingslager schien noch mehr ein einziges Durcheinander zu sein als sonst. Vor dem Eingang standen alle möglichen Autowracks. Eine Plastiktüte lag zerrissen auf dem Boden, daneben verstreut Pittas. Ein Haufen brennender Reifen vergiftete die Luft. Vor der blau gestrichenen Tür von Nadine und Khaleds Haus hatte sich eine Gruppe Jugendlicher versammelt.

»Hallo!« rief Liyana ihnen zu. »Bitte, *wane* Nadine?«

Die Jugendlichen riefen im Chor: »Nadine!«

Nadine erschien am Fenster und schaute ängstlich hinaus.

»Yallah!« rief Liyana ihr zu, »Schnell! Wir müssen mit dir reden!«

Nadine erschien mit nackten Füßen vor der Tür. Sie zitterte. Wo waren ihre Schuhe? Wo war ihre schüchterne Mutter Abla, die ihnen so oft kleine Teller mit Süßigkeiten und Feigen gereicht hatte?

»Wo ist deine Mutter?« fragte Liyana.

Nadine weinte. »Sie ist Krankenhaus mit Khaled. Es war schlimm, schlimm. Geschossen!«

»Wir haben davon gehört. Schrecklich. Aber – wer hat auf ihn geschossen?«

Nadine sagte das arabische Wort für ›Soldaten‹ und bedeckte ihre Augen.

Liyana schaute Rafik verblüfft an. »Und was hat Poppy mit der Sache zu tun?« Natürlich hatte sie nicht angenommen, daß ihr Vater, der nicht mal einer Maus etwas zuleide tun konnte, auf Khaled geschossen hatte, aber wie das eine mit dem anderen zusammenhing, war ihr immer noch unklar.

»Dein Vater – kommt gerannt – aus Haus«, erklärte Nadine. »Er sieht Soldaten – gefällt ihm nicht. Er kommt rennt, winkte Arme.« Sie demonstrierte es mit wild wedelnden Armen. »Die Soldaten rufen *Khaled – komm aus Haus!* Khaled nicht kommt Haus.« Sie benutzte das arabische Wort für ›verängstigt‹ und weinte heftig. »Die Soldaten sagen *Yallah! Yallah!* Die Soldaten wütend. Khaled kommt raus und dreht weg. Die Soldaten schießen! Khaled fällt. Schlecht! Schlecht! Dein Vater rennt Soldaten, sagt *Nein! Nein!* Er stoppt ihn.« Sie warf die Arme in die Luft.

Liyana starrte sie mit offenem Mund an.

Rafik fragte: »Er hat den Soldaten gehauen?«

»Nein, nein! Nicht hauen, nur ...« Sie zeigte es ihnen. Poppy hatte den Arm des Soldaten zurückgezogen. Heftig.

Liyana hielt sich die Hand vor den Mund. Rafik fragte: »Den Arm, in dem er das Gewehr hatte?«, aber Nadine verstand ihn nicht. Sie erzählte noch, wie Khaled im Krankenwagen weggebracht worden war und daß die Soldaten Poppy mitgenommen hatten. Sie hatten ihn in einen Wagen gestoßen.

Jetzt weinten sie alle. »In welches Krankenhaus?« schluchzte Liyana. »Und welches Gefängnis?«

Einer von Khaleds Cousins wußte, wo das Gefängnis war. Er war selber schon zweimal dringewesen. Er schien nicht gerade glücklich zu sein, daß er dorthin zurück sollte. Trotzdem lief er rasch mit Liyana und Rafik nach Hause, um ein Taxi zu bestellen.

Sie kamen an ganz alltäglichen Dingen vorbei – Gemüsekarren, Schafen, Geschäften, Weinfeldern – und erreichten Jerusalem, wo das Taxi scharf in eine Straße abbog, die nach Industriegebiet aussah.

Als sie vor dem düsteren Gefängnis waren, ging Liyana auf die drei Soldaten zu, die den Eingang bewachten, und sagte: »Bitte, ich muß meinen Vater sehen, Doktor Kamal Abboud. Er ist noch nicht lange hier. Er wurde vielleicht vor einer Stunde gebracht.«

Ein Soldat, der auf einer Holzkiste saß und eine Orange schälte, kniff ein Auge zusammen und betrachtete sie. »Nicht möglich«, sagte er. Sie konnte den Orangenduft auf seiner Hand riechen.

Sie hatte zwei Möglichkeiten und mußte sich entscheiden. Zitternd vor Wut hätte sie sich umdrehen und weggehen können. Ihre Kehle zog sich zusammen. Aber sie wich nicht. Sie stampfte mit dem Fuß auf das Pflaster, ging einen Schritt näher und stand direkt vor dem Soldaten. »Natürlich ist es möglich!« sagte sie laut. »Er ist mein

Vater! Ich muß ihn sehen! JETZT! BITTE! Es ist dringend! Jetzt, in dieser Minute, muß ich rein!«

Der Soldat betrachteten sie von oben bis unten. Sie trug noch die blaue Schuluniform mit der zerknitterten weißen Baumwollbluse. Der Soldat mit der Orange seufzte tief. Er ließ die Schale in eine Tüte fallen, wischte sich die Hände ab und sagte: »Komm.« Ein anderer Soldat streckte den Arm aus und versperrte Rafik den Weg. Wütend blieb er zurück.

Der Soldat brachte Liyana erst in ein Büro, richtete einen heißen Scheinwerfer auf ihr Gesicht und fotografierte sie. Er fragte sie nach Namen, Alter, Schule, ihrer Telefonnummer und ihrer Adresse. Seine Fragen klangen bellend. Er fragte sie noch zweimal, was sie wolle, und sie wiederholte es. »Meinen Vater sehen.« Hatte er ein schlechtes Gedächtnis? Das zweite Mal sprach sie langsam und deutlich. Er nahm das bestickte Portemonnaie, das Sitti gemacht hatte, an sich und meinte, sie könne es nicht mit reinnehmen. Sie sah zu, als er es auf einen schmutzigen Tisch warf, der mit leeren Kaffeetassen übersät war. Er sagte, sie würde nicht lange bleiben können.

Liyana folgte dem Soldat durch einen düsteren Flur, dabei spähte sie, nachdem die Augen sich an die Lichtverhältnisse gewöhnt hatten, in die dunklen Zellen. Schlafende Körper lagen in Decken gehüllt auf den Pritschen. Einige der Zellen hatten schmale, hohe Schlitze als Fenster, andere nicht. In einer Zelle stand ein Mann aufrecht mitten in Raum und schaute in ihre Richtung. Seine Hände waren hinten auf dem Rücken. Sein Gesicht wirkte ausdruckslos. Es war bedrückend, durch ein Gefängnis zu laufen. Was hatten die Gefangenen erlebt? Wie kamen sie her? Wie lange waren sie schon hier? Hatten sie etwas Schlimmeres als ihr Vater getan?

Poppy saß vornübergebeugt auf einem hölzernen Schemel, den Kopf in die Hände vergraben, in seiner Zelle.

Normalerweise saß er so nur da, wenn einer seiner Patienten im Sterben lag. Ihre Mutter war nirgends zu sehen. Aus Poppys Mund kam ein kaum hörbares Stöhnen, als er sie durch die Eisengitter entdeckte, aber er weinte nicht. Die Luft roch bitter und abgestanden.

»Habibti!« sagte er. »Nein, nein, nein! Was in aller Welt machst du hier? Wie bist du hier reingekommen? Das ist kein Ort für dich!«

»Für dich auch nicht«, sagte Liyana. Sie griff nach einem der Eisenstäbe. Seltsam, wie ruhig sie von dem Augenblick an war, als sie ihn gesehen hatte. »Poppy! Wir müssen dir helfen, hier rauszukommen!«

Er sagte: »Ich arbeite dran, Liyana, mach dir keine Sorgen. Ich bin bald draußen. Es ist ein großer Irrtum. Paß auf dich auf! Geh heim! Vermeide allen Ärger!« Der Soldat stand mit verschränkten Armen hinter Liyana.

»Wo ist deine Mutter?«

»Ich weiß es nicht! Ich dachte, sie ist hier. Was ist mit Khaled? In welchem Krankenhaus ist er?«

Poppy meinte, Khaleds Beinverletzung würde ihn schon nicht umbringen. »Ich hoffe, sie haben ihn rechtzeitig verbunden, bevor er zuviel Blut verliert. Die Soldaten haben mich weggeschleppt, deshalb konnte ich ihm nicht helfen. Ich habe ihnen immer wieder gesagt, daß ich Arzt bin! ›Seit wann verhaften Sie Ärzte, wenn es Verletzte gibt?‹ Aber sie hörten mir nicht zu. Ein blöder Zufall, ein Fall von zur falschen Zeit am falschen Fleck sein. – Ich weiß, du magst diesen Spruch nicht ...«

»Aber, Poppy, was ist denn überhaupt im Lager passiert?« wollte Liyana wissen.

»Habibti! Da müßte ich weit zurückgehen ... Was heute passierte? Auf einem jüdischen Markt, ganz nah bei einer Schule, ist eine Bombe explodiert – hast du nichts davon gehört? Es war entsetzlich. Die Soldaten hatten einen Hinweis, daß jemand aus Khaleds Lager irgendwas damit zu tun hatte. Deshalb kamen sie in ein Gebiet, das sie ei-

gentlich nicht mehr unter ihrer Verwaltung haben. Vielleicht haben sie Khaled verdächtigt! Aber wir wissen, wie sehr Khaled Gewalt verabscheut! Wie hätte ich danebenstehen und nichts sagen können? Er ist doch keine Badewanne, bei Gott nicht!«

Der Soldat drängte sich zwischen die beiden und machte klar, daß er Liyana jetzt hinausbegleiten würde. Sie aber hob die Hand und sagte entschlossen: »WARTE!« Poppy öffnete seine dunklen Augen ganz weit und hob die Augenbrauen. »Liyana, geh!« befahl er. »Raus hier!«

Der Mann in der Nebenzelle betete laut.

»Poppy, wir lieben dich!« sagte sie und klammerte sich mit beiden Händen an den Eisenstäben fest. Wie ein kleines Kind, das einen Wutanfall hat, hätte sie sich auf den Boden werfen können. Aber sie hatte sich wieder in ihrer Gewalt und sagte nur: »Das ist nicht richtig.«

Poppy legte zwei Finger auf die Lippen und blies ihr einen Kuß zu. »Erzähl Sitti nichts«, sagte er. »Versprich es mir! Sie wird eine Revolution entfachen! Paß auf dich auf, *Habibti!«* – Und als die Soldaten sie schon rausbrachten, rief er ihr zu: »Wo ist Rafik?«

»Draußen! Sie haben ihn nicht reingelassen!«

Im Büro nahm Liyana ihr Portemonnaie wieder in Empfang und fragte den Soldaten, ob er wüßte, wo ihre Mutter sei. Aber er tat so, als verstünde er sie nicht.

Rafik und Khaleds Cousin brannten vor Neugier und wollten, noch bevor sie sich wieder in das Taxi setzten, wissen, was im Gefängnis geschehen war. Aber sie mußten warten. Liyana schaute dem Soldaten, der sie begleitet hatte, fest in das Gesicht. Er saß jetzt wieder auf seiner Holzkiste. Sie zuckte nicht mit der Wimper. Sie wollte ihn sich genau ansehen.

Dann starrte sie in die Gesichter der beiden anderen Soldaten, die das Gefängnistor bewachten. Sie lehnten sich an die Wand und hatten große Gewehre über die Schultern geschlungen. Sie wären hübsch gewesen, wenn sie gelächelt hätten. Liyana konnte sich nicht mehr zurückhalten. Sie richtete beide Zeigefinger auf sie und sagte laut: »Ihr müßt nicht so gemein sein! Ihr solltet netter sein! Mein Vater ist Arzt! Und mein Freund, auf den ihr geschossen habt, ist ein sanfter Mensch! IHR MÜSST GAR NICHT SO SEIN!«

Die Soldaten sagten nichts. Aber sie sahen überrascht aus.

In dem großen weißen Krankenhaus, das nach Ammoniak stank – was aber immer noch besser war als der Geruch des Gefängnisses – hatten Liyana, Rafik und Khaleds Cousin keine Probleme, zu Khaled durchgelassen zu werden. Liyana und Rafik erklärten in gebrochenem Arabisch, sie wären auch mit ihm verwandt.

Khaled lag immer noch im Parterre in der Notaufnahme in einem kleinen einfachen Bett, sein Bein war fest umwickelt wie gefüllte Weinblätter. Seine Mutter saß neben ihm und drückte gerade einen Waschlappen aus. Dann wischte sie damit vorsichtig über sein Gesicht. Khaled war überrascht, als er die Besucher sah, und hob seinen Arm ein wenig.

»Was?« sagte er schwach. »Ihr habt mich gefunden! Ich mache mir Sorgen wegen eurem Vater. Wo ist er?«

Eine Krankenschwester füllte das Wasserglas neben Khaleds Bett nach. Sie starrte die Besucher an und ging dann weg. Khaled erzählte, er habe im Radio von der Bombe gehört. Es sei sehr traurig. Dann sagte er: »Wißt ihr, mehr weiß ich nicht darüber.«

»Das wissen wir.«

Rafik starrte Liyana an. Er verstand nichts. Er haßte es, ausgeschlossen zu sein. Liyana erzählte, sie beide wären bei Nadine gewesen, die sehr aufgeregt sei. Poppy würde ziemlich ruhig hinter den Gittern bleiben. Khaled schüttelte den Kopf. »Er war gut zu mir und hat versucht, sie aufzuhalten. Er haßt auch Gewalt. Das hat er mir erzählt, als wir vom Toten Meer zurückgefahren sind. Ich kann einfach nicht glauben, daß sie ihn mitgenommen haben.«

»Ändert das jetzt deine Haltung? Willst du immer noch nicht kämpfen?« fragte Liyana.

Khaled seufzte tief auf, streckte den Oberkörper, als hätte er einen steifen Hals. Er schien sehr müde zu sein. »Glaub mir, ganz im Gegenteil. Oooooh ...« Er schloß die Augen und stöhnte. »Wißt ihr eigentlich ... heute ist mein Geburtstag.«

»NEIN!« riefen Liyana und Rafik gleichzeitig. Rafik schüttelte traurig den Kopf. »Ich fange an zu glauben, daß Geburtstage Pech bringen.«

Eine schwarzweiße Uhr an der Wand zeigte, daß es sechs Uhr war. Der Duft von gekochtem Reis wehte durch das Krankenhaus.

Als sie das Krankenhaus verließen, fragte Rafik: »Und wo fahren wir jetzt hin?«

»Nach Hause.«

Der Taxifahrer hatte auf sie gewartet. Er trödelte vor dem Krankenhaus herum. Er schien zu wissen, daß dieser Tag sie ganz durcheinander brachte. Als sie im Auto saßen und nach Norden fuhren, sagte Rafik: »Sag mir ganz genau, was Poppy gesagt hat, Wort für Wort. Konnte man sehen, daß er Angst hat? Haben sie Ketten da drin?«

Liyana antwortete: »Ich habe keine Ketten gesehen«, aber Khaleds Cousin, der selber im Gefängnis gesessen hatte, sagte: »Glaub mir, sie haben alles.«

Wie seltsam, ihr Haus wirkte ganz ruhig und stand da, wo es immer stand. Im Erdgeschoß brannte Licht, aber in ihrer Wohnung war es dunkel. Ihr Auto stand noch immer vor dem Haus.

Also war ihre Mutter noch nicht zurück. Bald nachdem sie im Haus waren und alle Lichter angemacht hatten, rief Susan vom Polizeihauptquartier aus an.

»Gute Nachrichten«, sagte sie heiter. »Sie sagen, euer

Vater wird heute abend entlassen. Ich habe ihn noch nicht gesehen. In zehn Büros habe ich Papiere ausfüllen müssen. Das ist der schlimmste Tag in meinem Leben, aber es wird alles gut werden! Seid ihr den ganzen Nachmittag zu Hause gewesen?«

Liyana ging runter, um Abu Janan nach der Bombe auf dem Markt zu fragen. Er schüttelte den Kopf. »Viele Tote.« Alte Männer und Frauen. Unschuldige, ganz normale Leute, die soviel mit Politik zu tun hatten wie Liyana. Im Fernsehen wurde der Ort des Anschlags gezeigt. Alles lag auf dem Boden. Einkaufstüten, Mais, Portemonnaies, Strümpfe, Schuhe, Taschentücher, Zähne, Ohrringe. Alles lag auf dem Boden.

Wie konnte man so etwas tun? fragte sich Liyana. Wollten die Leute nicht verstehen?

Es war entsetzlich, wie Gewalt auf Gewalt folgte. Wie kann man ein Rad aufhalten? Was wäre passiert, wenn Khaled getötet worden wäre? Hätten Nadine oder sie dann auch zur Gewalt gegriffen? Nein, es war besser, Gewalt abzulehnen, wenn sie vor einem steht. Viele Leute konnten das nicht.

Wieder klingelte das Telefon. Rafik raste die Treppe hoch, um dranzugehen. »Es ist für dich!« rief er Liyana durchs Treppenhaus zu.

Liyanas Beine waren wie bleibeladen.

»Dichterlesung?« Es war Omer.

Liyana hatte ihn völlig vergessen.

Verhandlungen

»Gefängnis ...«, sagte Poppy trocken und ließ sich mit einem großen Glas Wasser auf die Couch sinken und lehnte den Kopf zurück. »... Gefängnis ist eine Erfahrung, die ich nie wieder machen möchte.«

Es war elf Uhr in der Nacht gewesen, als er nach Hause gekommen war. Der Taxifahrer hatte sich geweigert, auch nur einen Pfennig für die Fahrt zu nehmen.

Liyana, Rafik und ihre Mutter waren entsetzt, als Sitti nach ihm aus dem Taxi kletterte. Wo war sie hergekommen? Rafik und Liyana sprangen auf. »Poppy ist zurück! Poppy ist daheim!« Er umarmte sie so fest, daß es Liyana überraschte.

Sitti war einige Stunden nach Liyana vor dem Gefängnis erschienen. Aber sie wurde von den Soldaten nicht reingelassen. Nachdem Poppy freigekommen war, fand er sie vor dem Gefängnis. Sie schrie und schwang einen Besenstiel und verlangte, zum *Gouverneur* vorgelassen zu werden. »Für sie ist es wie vor fünfzig Jahren«, sagte Poppy und schüttelte den Kopf. »Damals gab es so was wie einen Gouverneur.« Eine alte Frau aus dem Flüchtlingslager hatte im Dorf angerufen, um Sitti davon zu informieren, daß Poppy verhaftet worden war.

Poppy sagte: »Hier kann nichts geheim bleiben.«

Einige Abende später saßen die Abbouds am Eßtisch und verspeisten ihre Kohlrouladen – Mom hatte extra für Liyana einige vegetarische zubereitet, gefüllt mit Nüssen, Rosinen und Reis – und alles schien fast wieder wie früher zu sein. Khaled war ins Lager zurückgebracht worden, mit einem dick bandagierten Bein und einer Krücke. Die Abbouds waren am Nachmittag zu ihm gegangen, um ihn mit einigen Kuchenstückchen zu begrüßen. Sitti war zurück in ihr Dorf gefahren und hatte den Besen in die Ecke gestellt.

Aber Poppy schien verändert. Er hatte sich einige Tage freigenommen und saß dauernd am Eßtisch, schrieb etwas und starrte in die Luft. Er telefonierte viel häufiger als sonst und sprach dabei nur arabisch. Eines Tages erzählte Susan, er habe seinen Schlafanzug bis Mittags getragen – etwas, was er NIE tat.

Als Liyana fragte, was los sei, antwortete er, er könne all die Leute nicht vergessen, die noch im Gefängnis waren, viele aus noch lächerlichen Gründen als er selber. Poppy hob beide Hände in die Luft. Er war auch im Flüchtlingslager gewesen und hatte mit allen möglichen Leuten gesprochen. Auf seine alten Tage wurde er zum politischen Aktivisten. Morgen würde er den jüdischen Bürgermeister von Jerusalem treffen. Er rollte seine Papiere zusammen und knallte sie auf den Tisch. »Ich versuche herauszubekommen, wieviel ein ganz normaler Bürger erreichen kann.«

Beim Abendessen wandte er sich an Liyana. »Und worüber denkst du jetzt nach? Die Rollen sind vertauscht. Du bist so still heute abend.«

Sie wagte es. »Kann Omer, mein Freund – Mom hat ihn getroffen – irgendwann mit uns ins Dorf kommen? Er ist noch nie ... in einem arabischen Dorf gewesen. Er hatte mich an dem Tag, als du im Gefängnis warst, zu einer Dichterlesung eingeladen ... also dachte ich, es wäre ganz nett, ihn auch mal irgendwohin einzuladen.«

Poppys Hand griff nach seiner Stirn. »Ausgerechnet jetzt? Ach, Liyana! Ist er neugierig auf uns? Interessiert ihn, was wir machen?«

»Du mußt nicht so negativ sein!«

Poppy schwieg einen Augenblick. Genau das sagte er immer zu ihr. »Unsere Familie ... würde das nicht gerne sehen. Sie würden das ... nicht verstehen. Es würde verdächtig aussehen – oder sie durcheinanderbringen. Der Frieden ist noch nicht stabil genug.«

»Verstehen? Was gibt es da zu verstehen, wenn man einen Freund hat?«

»Liyana, du weißt, was ich meine. Tu nicht naiver, als du bist.«

»Ich weiß gar NICHTS! Ich WILL nichts wissen! Was nutzt es, wenn man an Frieden glaubt und von Frieden redet, wenn man im alten Trott weiterlebt?«

»Ist seine Familie orthodox?«

»Nein. Er scheint nicht orthodox zu sein – in keiner Hinsicht. Er ist sehr aufgeschlossen.«

»Das scheinen sie immer zu sein – aufgeschlossen.«

Liyanas Mutter klopfte mit dem Löffel an das Wasserglas. »Hör auf!« sagte sie zu Poppy. »Erinnerst du dich, was meine Eltern sagten, als ich mich in dich verliebte? Sie sagten nichts, hast du das vergessen? Und hast du vergessen, wie grausam das war?«

Poppy lehnte sich in seinem Stuhl zurück. »Also, jetzt ist sie verliebt, ja?« donnerte er. »Liyana ist verliebt? Ich dachte, sie wollte ihn nur in das Dorf mitnehmen?«

Rafik grölte. Liyana haßte das.

»Also geht das jetzt oder nicht?« fragte sie und schob zwei grüne Bohnen an den Rand ihres Tellers.

Poppy war still.

Vor ihrem Haus donnerte ein Bus vorbei.

Liyana sagte sanft: »Wir wollen eine neue Geschichte schreiben«, und Poppy sagte nur: »Was?«

Mom, die Königin des Miteinander-sprechen-Clubs, holte tief Luft. »Sie hat recht, weißt du? Was nutzt es, daß man an Frieden glaubt, wenn man nicht die Art, wie wir leben, verändert?«

Aber Poppy hörte nicht zu. »Es ist unangebracht für ein Mädchen, einen Jungen irgendwohin einzuladen ... in diesem Teil der Welt. Sie werden glauben, ihr seid verlobt oder so was. Oder er sei ein Spion. Wie soll ich ihnen das erklären?«

Rafik stöhnte. »Können wir über etwas anderes reden?

Laden wir ihn doch einfach ein! Was ist dabei? Sagt, er ist MEIN FREUND! Nicht Liyanas. Sagt, er ist mein Mentor oder so was – wie wir das in der Schule in Amerika hatten. Ich habe ihn in der Bibliothek getroffen. Er ist ein netter Typ. Und Sitti lädt jeden zum Essen ein – warum nicht auch ihn?«

Liyana liebte ihren kleinen Bruder von ganzem Herzen.

Poppy meinte: »Er war auch in der Bibliothek, ja?«

Dann sagte er noch: » Du bist ein Dickkopf, meine liebe Liyana. Du bist wie ein edles Araberpferd und willst bestimmen, wo es langgeht. Warum willst du ihn mitnehmen und nicht Khaled oder Nadine?«

»Sie können doch auch mitkommen! Sollen doch alle kommen! Wir machen eine Alle-lernen-alle-kennen-Party! Und hast du nicht erzählt, wie toll es war, als Mr. Hamadi, dein tausend Jahre alter Lieblingspatient, sich die Augen von dem jüdischen Arzt hat behandeln lassen und nicht ein einziges Mal etwas über seine Nationalität gesagt hat? Hast du nicht, bevor du im Gefängnis warst, gesagt, wie wunderbar es wäre, wenn die Menschen sich nicht mehr als ›der Jude‹ oder ›der Schwarze‹ oder ›der Weiße‹ beschreiben würden? Hast du oder hast du nicht?«

Ihre Mutter wiederholte sich: »Weißt du, sie hat recht.«

Nach dem Abendessen hing Liyana am Telefon. Omer mußte immer lachen, wenn sie sich mit beiden Namen meldete. »Glaubst du, einer reicht nicht? Ich erkenne dich auch so. Du bist die einzige Liyana, die ich kenne.« Der Klang seiner warmen, vollen Stimme war wie ein Energiestrom, der durch die Leitung kam. Am liebsten hätte sie stundenlang mit ihm telefoniert.

Poppy hatte Liyana gesagt, sie sollten den ›Termin für die Reise ins Dorf noch nicht festlegen‹. Bei ihm klang es, als ob es um eine Hochzeit ginge. Irgendwann einmal, wenn alles ruhiger geworden ist und Khaleds Bein wieder in Ordnung wäre. »Dräng mich nicht«, sagte Poppy. »Dräng nicht, okay?«

Omer war glücklich, weil Liyana sein Interesse ernst genommen hatte.

Als er am nächsten Tag anrief, klang er niedergeschlagen; er müßte mit ihr reden. Seine Mutter wollte nicht, daß er mit Liyana in das Dorf fuhr, niemals!, aber er hatte seiner Mutter erklärt, daß es sehr wichtig für ihn sei. »Dann ist sie lange draußen rumgelaufen«, sagte er.

»Und was heißt das?«

»Es heißt, sie macht sich Sorgen. Aber ich komme mit. Sag mir nur, wann.«

Omer war die nächsten zwei Wochen mit seiner Klasse in einem Kibbuz im Norden Israels. Das machten sie jedes Jahr. Er war nicht sehr begeistert. Er würde Kirschen pflücken, sie in Kisten packen, in der Erde graben und Unkraut jäten. Der Gedanke an die lange Trennung bis zu ihrem nächsten Treffen ließ Liyanas Herz in die Kniekehle rutschen.

Zwei Stunden lang schrieb sie an jenem Abend, setzte das Wort ›Herz‹ mit jedem Verb in Verbindung, das ihr dazu einfiel. Ihr Herz klopfte, es pochte, es wurde immer größer. Sie versuchte eine Geschichte zu schreiben, in der sie nicht die Hauptperson war. Aber sie hatte Schwierigkeiten, sich Leben auszudenken, die sie nicht gelebt hatte.

Neues Land – altes Land

Als Liyana über das Echo nachdachte, das von den Mauern Jerusalems widerhallte, kam sie sich wie der Punkt auf dem i vor: winzig, fast unsichtbar.

Wenn sie in der Altstadt um eine Ecke kam, war sie nur ein Hauch des uralten, sich immer wiederholenden Echos. *Zum ersten, zum zweiten … und weg!*

»Werden wir irgendwann wieder nach Hause fahren?« fragte sie Poppy eines Tages. Sie waren zusammen in den kleinen Laden gegangen, um neue Wäscheklammern aus Holz und eine Kiste losen Tees zu kaufen.

Poppy hatte vor sich hin gepfiffen, und Liyana war davon ausgegangen, daß dies ein guter Moment war, um so eine Frage zu stellen.

Er blieb stehen. »Ich möchte doch hoffen«, sagte er, »daß du dich hier wohl fühlst.«

»Sicher doch«, sagte sie. »Ich fühle mich jeden Tag wohler. Ich habe einfach … nur mal so gefragt. Manchmal habe ich richtige Sehnsucht nach …«

Dann fiel ihr nichts mehr ein. Wonach hatte sie wirklich Sehnsucht? Vermißte sie die häßlichen Autobahn-Schilder, die die Ausfahrten anzeigten? Oder den Sportteil der amerikanischen Zeitungen, den sie nie gelesen hatte? Den gekühlten Pudding in den Plastikschälchen aus dem Supermarkt?

Was vermißte sie denn wirklich?

Rafik sagte jedem, der es hören wollte, daß ihm nichts fehlte. Es gab so zuviel, was er hier entdecken konnte, um noch Zeit zu haben, irgend etwas zu vermissen. Er behauptete, er würde viel schneller Arabisch lernen als Liyana, weil er weniger Angst davor hatte, Fehler zu machen. Einmal hatte Liyana ›Entschuldigen Sie‹ sagen wollen, und herausgekommen war so etwas wie ›Herz des Affen‹.

Das Meer. Eine Welle, die in eine andere überging. Aber sie hatten am Mississippi gelebt, nicht am Meer. Sie hatte sich immer vorgestellt, wie der Fluß nach Süden floß, um dort in den Golf von Mexiko zu münden, den sie nie selber gesehen hatte.

In der Altstadt kam sich Liyana nicht mehr wie eine Fremde vor. Sie hatte ihre vertrauten Stellen und Plätze, an die sie sich erinnern würde. Da waren Hani, der Bananenverkäufer, Bilal, der Stoffverkäufer, und Bassam, der Gewürzmann. Sie wußte, wo eine bestimmte Steinkante abgeschlagen war. Vielleicht war vor langer Zeit ein Straßenhändler mit seinem Karren dagegengekommen. Sie kannte die strahlende alte Frau, die hinter der Auslage mit den aufgereihten Kohlköpfen stand und sie mit erhobener Hand grüßte, als wolle sie sie segnen. Sie kannte den blinden Ladenbesitzer, der auf einem Hocker vor seinem Laden saß und »*Sahab-al-khair* – Guten Morgen« sagte. Die Altstadt war Teil von ihr geworden.

»Ist dir nie der Gedanke gekommen«, fragte Poppy, »daß einige von uns hierbleiben und die anderen zurückgehen? In der Zukunft, meine ich, wenn Rafik und du erwachsen seid. Wäre es nicht komisch, wenn du hierbleibst – und wir anderen zurück in die USA ziehen? Wie kann man wissen, was der nächste Tag bringt?«

Der nächste Tag brachte zwei gute Sachen. Zum einen erhielt Liyana mit der Post ein winziges Geschenk von Peachy Helen, eine neue Ausgabe von Kahlil Gibran, die Texte enthielt, die sie noch nicht kannte. Zum zweiten führte Mr. Berberian das Thema ›Friedensgespräche‹ in den Unterricht ein und schlug vor, die Schüler sollten die Meinung ihrer Eltern und Großeltern dazu erfragen.

Liyanas Familie war für den Abend mit Sitti verabredet. Sitti wollte *kousa,* gefüllte Zucchini, für sie kochen. Sie würde Poppy bitten, ihre Fragen zu übersetzen.

Als sie im Dorf ankamen, packte Sitti gerade die *kousa* in weiße Baumwolltücher, damit sie warm auf den Teller kamen.

Sitti schaute überrascht und plusterte sich auf wie eine Taube, die ihre Federn schüttelt.

Sie zeigte mit dem Finger auf die Brust und sagte: »Ich habe meinen Frieden hier drin nie verloren.«

Expeditionen

Poppy war besonders guter Stimmung, da ein neuer Flügel des Krankenhauses fertiggestellt war und seine liebsten alten Patienten bessere Zimmer beziehen würden. Als er abends nach Hause kam, sagte er endlich: »Also gut, warum laden wir deine Freunde nicht ein, am Samstag mit ins Dorf zu kommen? Zur Abwechslung laufen die Gespräche zwischen Juden und Araber über Hebron ganz gut. Vielleicht ist dies der richtige Moment für … deinen Freund, mit uns mitzukommen. Und Khaled und Nadine sollten für einen Tag aus dem Lager raus.«

Am Samstag stand Liyana auf dem Balkon, bis der Bus, mit dem Omer kommen sollte, auf der Anhöhe zu sehen war. Sie rannte raus, um ihn in Empfang zu nehmen. Er winkte fröhlich. Dann erzählte er, daß ihm seine erste Busfahrt nach Norden gut gefallen habe. »Ich habe die Gespräche um mich herum nicht verstanden, nur hier und da etwas aufgeschnappt und mich dabei ganz frei gefühlt.«

»Dann müßte ich mich ja die ganze Zeit über frei fühlen.«

Susan schwebte mit ausgestreckter Hand die Treppe hinab. »Schön, dich wiederzusehen.« Sie trug ihre rosafarbene, bestickte Bluse aus Mexiko, die sonst den Geburtstagen und Feiertagen vorbehalten war. Liyana hatte sich sogar eine kastanienbraune Samtweste übergezogen.

Als sie nach oben kamen, war Poppy im Bad, um sich zu rasieren. Liyana und ihre Mutter vermuteten eher, er würde sich verstecken. »Wir fahren ins Dorf, wenn er fertig ist.«

Rafik lag auf seinem Bett und las in einem gerade angekommen *Star Trek*-Wörterbuch. Einer seiner seltsamen außerirdischen Freunde aus Amerika hatte es ihm geschickt. Rafik erzählte Omer: »Es hat über einen Monat mit der Landpost gedauert, bis es hier war, das heißt, es kam mit dem Schiff und nicht mit einem Raumschiff.«

Als Poppy aus dem Bad auftauchte, sah seine Haut ganz rauh aus. Ein wenig zu jovial kam er auf Omer zu, drückte ihm die Hand und meinte: »Los geht's!« Liyana hatte den Eindruck, er habe Omer neugierig, aber nicht feindselig betrachtet. Im Flüchtlingslager holten sie noch Khaled und Nadine ab, die *za'tar-Brote* für Sitti dabei hatte. Ihre Mutter hatte sie ihnen mitgegeben.

Während der Fahrt ins Dorf hockten Rafik und Nadine, die Kleinsten, lachend auf dem Boden vor der hinteren Bank. Liyana saß in der Mitte zwischen Khaled und Omer. Heute störte es sie überhaupt nicht, daß sie so gedrängt saßen. Sogar die Kurven hatten einen besonderen Reiz, wenn sie sich in Omers Richtung lehnen konnte.

Poppy hielt bei drei verschiedenen Läden, um Zeitungen, Wasserflaschen, Aprikosensaft in Dosen, einen Packen mit zwei Dutzend Pittabroten, einen dicken Sack mit frischen Orangen, an denen zum Teil noch die Blätter hingen, und einen besonderen weißen Käse zu besorgen. »Fahr doch endlich«, sagte Liyanas Mutter. »Das Auto ist brechend voll!«

Liyana dachte, Poppy macht absichtlich langsam.

Als ihr Wagen an einer jüdischen Siedlung vorbeirauschte, streckte Omer den Kopf vor und schaute aufmerksam auf die Betonbauten, den mit Stacheldraht verstärkten Zaun und den Wachturm. »In diesem Teil der Westbank bin ich noch nie gewesen. Ich wollte das immer schon mal sehen«, meinte er trocken.

Dann fuhren sie an den steinernen Terrassen mit den Obstgärten und den Olivenhainen vorbei. Dazwischen lagen Täler, in denen Schafherden weideten. Poppy hielt krampfhaft das Steuer unklammert und atmete schwer. Khaled hatte das Gesicht ans Fenster gepreßt. Omer sagte: »Dieses Land sieht nicht verlassen aus. Ich wußte, daß es nicht stimmt.«

Poppy fragte: »Wer sagt, es sei verlassen?«

Omer antwortete: »Na ja, die Leute ...«

»Und was denken deine Freunde über die West Bank?« fragte Poppy.

Omer starrte zum Fenster hinaus. »Sie haben ... Angst. Sie ... wissen nicht viel. Sie sind nie hier gewesen. Sie glauben, das hier ist eine andere Welt.«

Dann war lange kein Wort zu hören, bis Poppy wiederholte: »... eine andere Welt.« Er schien nicht sauer zu sein.

»Ich habe mir nie vorgestellt, daß es hier so schön ist«, sagte Omer leise.

Liyana tippte ihre Mutter auf die Schulter und sagte leise. »Erinnerst du dich? Was habe ich gesagt?«

Rafik flüsterte: »Sind wir in der neutralen Zone oder was? Warum flüstern alle?«

Liyanas Hand berührte Omers Hand. Er drückte sie leicht.

Poppy wechselte das Thema. »Hat dir Liyana schon erzählt, daß ich Omar Sharif, den Schauspieler, getroffen habe?«

Omer antwortete; »Ja, aber Sie können es mir gerne noch einmal erzählen.« Poppy lachte. Er wurde lockerer.

Letzte Woche waren sie noch kahl gewesen, aber jetzt trugen die Mandelbäume vor Sittis Haus duftende weiße Blüten. Als sie aus dem Auto stiegen, atmeten alle tief durch und streckten sich.

Scharen von Kinder tauchten um sie herum auf. Sie hatten alte Blechdosen, in denen blaue Murmeln klackten. Ihre Gesichter waren erwartungsvoll: Habt ihr uns was mitgebracht? Kaugummi? Bonbons? Was sonst? Was sonst?

Aus dem Hof des Nachbarn war die einzige Kuh des Dorfes zu hören.

Omer sagte: »Selbst die Kühe begrüßen uns.«

»Natürlich«, meinte Liyana und Poppy lachte.

Poppy ließ wie unabsichtlich einige klingende Münzen vor den Kindern auf den Boden fallen. »Wie ungeschickt«, meinte er achselzuckend auf arabisch. »Ihr könnt sie behalten.«

Rafik zog ein Päckchen Chiclet Kaugummis aus seiner Hosentasche und reichte das Päckchen rum. Omer verblüffte Liyana mit einem Beutel orangefarbener Luftballons, den er aus seinem Rucksack holte.

»Was hast du noch da drin?« fragte sie.

Er tippte sich an die Stirn und blickte geheimnisvoll. »Langsam!«

Es roch schon leicht nach Sommer. Um sie herum waren die Kinder damit beschäftigt, ihre orangenfarbenen Bananen und Planeten aus dünnem Gummi aufzublasen. Sie pusteten und kicherten. Einige hatten kaum noch Luft in ihren kleinen Lungen. Khaled half ihnen. Sitti kam mit wedelnden Händen aus ihrem gepflasterten Hof gelaufen. Sie haßte es, wenn die Leute draußen stehenblieben. Sie sollten reinkommen, sich hinsetzen. Manchmal wirkte das Dorf wie ein Königreich und Sitti wie die Königin.

Vorsichtig gingen sie über die abgetretene Schwelle ins Haus. Liyana beobachtete Omer und freute sich. Als er Liyanas Klassenfoto aus der zweiten Klasse sah, das eingerahmt in Sittis Zimmer stand und sie ohne die beiden Vorderzähne zeigte, machte er ein Fragezeichen mit der Hand. Du? Sie grinste. Die Ballons klatschten gegen die Decke.

Dareen, die um irgendwelche Ecken Liyanas Cousine war, tauchte mit einem riesigen Strauß Minze auf und gab ihn Omer. Der steckte sein Gesicht rein und lachte. Sie war schüchtern.

»Ich mag *n'an'a*«, sagte er und gebrauchte dabei das arabische Wort für Minze, was Liyana sehr verwirrte.

»Du kannst Arabisch?«

Er drehte den Finger in der Luft. »Sprachen sind ein kleiner glänzender Schlüssel.«

Plötzlich spürte sie ein Bedauern – sie kannte kein einziges Wort Hebräisch. »Alles, was ich weiß, ist *Schalom.*«

»Das ist ein Anfang«, sagte Omer. Liyana überlegte, daß Arabisch und Hebräisch doch beide tief aus der Kehle kamen. Englisch klang so mager im Vergleich.

Wenn sie aber anfing, noch eine Sprache zu lernen, würde sie möglicherweise explodieren – wie ein zu stark aufgeblasener Luftballon.

Sitti küßte Nadine und Khaled auf beide Backen und beugte sich herab, um sanft eine Hand auf Khaleds Bein zu legen. Sie sagte einen Segensspruch. Dann schüttelte sie Omer die Hand und kam ihm dabei mit dem Gesicht ganz nahe, um ihn genau zu betrachten. Augenblicke später war wieder ihr schrilles Trillern zu hören. War sie so froh, ihn zu sehen? Sie ließ die wunderbare Zunge tief im Mund schnalzen, heulte und trillerte.

Liyana sagte: »Und wenn man mir hundert Shekel gibt, kann ich das nicht.« Omer klatschte in die Hände. »Ich habe das mal in einem arabischen Film gesehen. Es ist, als ob die Zunge fliegen würde.«

Liyana, Rafik und ihre Freunde beschlossen, ein wenig durch das Dorf zu laufen. Sie gingen langsam, weil Khaled immer noch hinkte, kamen am Postamt vorbei und kletterten über den Friedhof mit seinen namenlosen Gräbern. Irgendwo hier lagen die Gebeine von Poppys Vater. Vielleicht war er auch schon zu Staub zerfallen. Sie gingen durch die Linsenfelder zu einem geheimnisvollen, auf einer kleinen Anhöhe stehenden Bau, der von einem Kreis glatter Steine umgeben war. Sie beugten sich alle vor und schauten hinein. An einer Wand lagen aufgerollte Gebetsteppiche. Ein Kreis halb heruntergebrannter Kerzen in verrußten Gläsern füllte eine andere Ecke. Nadine und Rafik kletterten hinein. Khaled saß auf einem Stein und ruhte sich aus.

Liyana pflückte die federartige Spitze einer Ähre. »Omer, wie alt warst du, als dein Vater starb?«

»Fünf.«

»Wie starb er?«

»Es war ein Autounfall.«

»Erinnerst du dich an ihn?«

»Er ist … mein Bild von ihm ist verschwommen.« Er machte eine Pause, dann redete er weiter und schaute dabei Khaled an. »Mein Vater glaubte nicht, daß Juden und Araber irgendwann einmal zusammenkommen könnten. Meine Mutter sagt das auch, wenn sie in der Zeitung liest, was wieder passiert ist. Heute ist sie ganz aufgewühlt … weil ich hier bin. Mein Vater dachte, dieser Bruch wäre – endgültig.«

Khaled schaute über das Tal. »Eine üble Geschichte«, sagte er.

»Deshalb müssen wir eine bessere schreiben«, meinte Liyana.

In der Ferne lärmte ein einzelner Esel. Der Klang hallte im ganzen Tal wider.

Omer zog eine Hand durch sein Haar und fuhr fort: »Manchmal versuche ich mir vorzustellen, mein Vater würde noch leben …. Was hätte er gesehen?«

Khaled sagte: »Wir alle müssen mehr sehen.«

Dann saßen sie ganz still, der Hügel war in gelbes Licht gehüllt, bis Rafik den Zauber brach. Er galoppierte den Hügel hinunter zu der Quelle, aus der er und Omer kaltes Wasser schöpften und sich ins Gesicht schütteten, dann war der jeweils andere dran. Liyana, Khaled und Nadine gingen langsam hinterher. Sie schienen ein wenig betrübt zu sein. Khaled sagte: »Wie froh wären wir, wenn unsere Familie hier leben könnte.«

Später wuschen sich alle die Hände und setzen sich im Kreis auf die Kissen. Riesige Platten mit dampfendem Essen wurden herumgereicht. Sie nahmen sich Berge voll Reis und Blumenkohl auf die Teller. Omer stellte Fragen, die Poppy übersetzte. Er wollte wissen, was die Leute arbeiteten und wie sie miteinander verwandt waren. Poppy sagte: »Fang nicht damit an, sie sind alle irgendwie miteinander verwandt.«

Liyana flüsterte Poppy zu: »Was glauben sie, wer er ist?«

Poppy flüsterte zurück: »Wer weiß? Vielleicht glauben sie, er ist unser Nachbar aus St. Louis, weil er nur Englisch spricht. Ich habe einfach gesagt, er ist ein Freund.«

Omer, Khaled und Nadine aßen so viel, daß alle des Lobes voll darüber waren. Die Tanten machten sich immer darüber lustig, daß Liyanas Familie »von Brotkrumen und Minzblättern« lebte. Anders als Poppy befürchtet hatte, schien Omer niemandem verdächtig zu sein. Eher sah es so aus, als wären sie geschmeichelt, daß er seine Zeit mit ihnen verbrachte.

Sitti warf den Kopf zurück, um eine Soda direkt aus der Flasche zu schlucken. Eine dürre Katze lief durch die Tür und sprang auf das Regal über Sittis Bett. Sie scheuchte die Katze davon und murmelte und flüsterte etwas dabei.

»Was sagt sie?«

»Das ist das letzte, was ich dir übersetzen werde«, seufzte Poppy.

Sie aßen und aßen und aßen. Der ganze Tag schmeckte wunderbar. Später, als die Streichhölzer für die *Verdauungszigaretten* angezündet wurden und der Dampf in kleinen Wölkchen aus den Kaffeetassen aufstieg, sagte Omer in seinem gebrochenen Arabisch etwas direkt zu Sitti. Alle im Raum wurden still. Jetzt war klar, daß er nicht aus St. Louis war. Die Stille lastete in dem Raum.

Sitti antwortete mit einer Stimme, die dröhnender und lebhafter als sonst war. Poppy richtete sich kerzengerade auf. Liyana zupfte ihn an der Jacke: »Was sagt sie?«

Alle richteten ihren Blick auf ihr Gesicht, bis auf Abu Daoud, der wütend aus dem Raum stürmte, nachdem er Omer etwas zugezischt hatte. »Was ist passiert?« Liyana zog an Poppys Ärmel.

Poppy sprach stockend. Er übersetzte nicht gern, wenn

der, den er übersetzte, ihn verstehen konnte. Aber manchmal mußte es sein. Omer hatte gesagt, wieviel es für ihn bedeutete, hier sein zu können. Er hatte gesagt, er bedanke sich, daß sie ihn willkommen geheißen hätten, und er würde sich wie ein Teil der Familie vorkommen. Er wünsche sich so, daß der ganze Ärger in dem gemeinsamen Land aufhöre. Sitti hatte geantwortet: »Wir haben lange Zeit auf dich gewartet.« Aber Abu Daoud, der jetzt mitbekommen hatte, wer Omer war, hatte gezischt: »Erinnere dich an uns, wenn du zur Armee gehst.«

Später versuchte Liyana, sich daran zu erinnern, wie der Raum in den folgenden Minuten ausgesehen hatte. Hatte sich das Licht verändert? Waren die Sonnenstrahlen, die auf Sittis Gesicht fielen, intensiver geworden? Glitzerten die goldenen Kaffeetassen auf dem Tablett? Genau in diesem Moment wandelte sich der Tag, aber sie mußten genau hinschauen, um es mitzubekommen.

Sitti vertiefte sich in eine neue Geschichte, ihre Stimme senkte sich, die Hände gestikulierten mit kraftvollen Bewegungen vor ihrem Gesicht. Omer starrte sie mit ungeteilter Aufmerksamkeit an. Poppy erstarrte, während sie sprach.

„Sie erzählt«, übersetzte er zögernd, als hinterließe die Geschichte einen leicht bitteren Geschmack in seinem Mund, »daß dein Freund hier sie sehr an jemand erinnert – jemand, den sie mal kannte. Jemand – den sie sehr gern gehabt hatte. Aber niemand hätte davon gewußt. Er spielte eine kleine Flöte – eine *nai* –, die hier ziemlich beliebt gewesen ist. Das war vor – vierzig, fünfzig Jahren? Er war Schäfer und schlief in einer Höhle.«

»Irre«, sagte Rafik.

»Und sie war damals schon lange ... verheiratet gewesen. Also behielt sie ihre Gefühle für ihn für sich, jahrelang. Vielleicht sollte ich euch das gar nicht erzählen! Vielleicht sollte sie mir das gar nicht erzählen! Hmmmmmmm! Sie sagt – er habe ihr das Herz gerettet.«

Poppy räusperte sich laut und übersetzte weiter. »Der Schäfer hatte – heilende Kräfte, sagt sie. Für die Luft! Er konnte die Luft beruhigen, wenn sich Ärger zusammenbraute. Versteht ihr – wenn etwas Schlimmes passiert ist – dann ist es, als hinge Unheil in der Luft. Hmmmm – sie sagt, er hätte das in Ordnung bringen können. Warum – bitte – ist er nicht immer noch hier?«

Susan fragte: »Und wo ist er jetzt?«

Poppy hielt eine Hand hoch. »Moment, Moment! Sie redet und redet. Sie sagte – dein Freund hier hat – die gleichen Haare wie ihr Freund. Er hat – genau dieselbe Kopfform. Er hat – etwas in der Art, wie er die Augen auf etwas richtet.«

Jetzt öffnete Sitti beide Hände und wandte sich an Omer: »*Khallas.*« Das war's. Die Geschichte war zu Ende – für den Augenblick. Sie sagte noch »*Shookran*«, bedankte sich und lächelte breit.

Omer beugte sich vor, nahm ihre beiden Hände in die seinen und erwiderten den Dank, auf arabisch. Es war absolut still im Raum.

Sitti lachte auf ihre tiefe, kehlige Art.

Poppy sagte: »Sie glaubt, dein Freund ist – der Engel – ihres Freundes, der im 67er Krieg getötet wurde. Er hatte nicht gekämpft. Er hatte vor einem Obstgeschäft in Nablus gestanden.«

»Du meinst ... sie hält Omer für seine Reinkarnation?«

Poppy wußte das Wort dafür auf arabisch nicht, aber er versuchte es. Sie schüttelte den Kopf. »Nein, sie sagt, der Engel. Ich kann das nicht erklären. Sie glaubt, ein Mensch kann den Geist eines anderen mit sich tragen – auf Engelart. Omer, du hast da eine Menge auf dem Buckel und hast es nicht mal gewußt.«

Omer antwortete leise: »Ich bin froh, ihn zu tragen.«

Vor Sonnenuntergang schlüpften Omer und Liyana alleine nach draußen. Liyana kam sich wie eine Ausreißerin vor, war aber erleichtert, ein paar Augenblicke allein zu haben. Sie kletterten auf den höchsten Hügel über dem Dorf zu einer verlassenen Steinhütte, in der einer ihrer Onkel gelebt hatte. Er war ein Einsiedler gewesen und fast nie ins Dorf gekommen.

Der Pfad stieg im steilen Winkel an. Mehr als einmal hielt Omer Liyana seine Hand hin. Als sie von unten nicht mehr zu sehen waren, ließ er sie gar nicht mehr los.

Um die von der Sonne gebleichten Steine der Hütte war das Unkraut hoch gewachsen. Ein kühler Luftzug wehte durch die offenen Fensteröffnungen. Der Onkel war vor fünf Jahren gestorben.

»Was hat er gegessen?« fragte Omer.

»Was er auf den Feldern fand. Sie sagen, er sei sehr dünn gewesen.«

In der Hütte atmeten sie tief durch.

Liyana sagte: »Meine Großmutter ist voller Überraschungen.«

Omer sagte: »Ach, Liyana. Ich bin so froh, daß sie nicht böse ist, weil ich gekommen bin.«

»Kaum.«

Liyanas zitterte. Sie schaute ihn konzentriert an.

Omer sagte: »Glaubst du, ich habe schon mal jemand geküßt? Hab ich nicht. Es war eine große Überraschung für mich .... ich möchte nicht, daß du Ärger bekommst.« Er küßte ihre Hand.

Sie lachte. »Ich komm aber nicht drumrum.« Sie beugte sich vor und küßte ihn auf den Mund, dann schauten sie beide durch die Öffnung hinunter ins Tal.

Liyana meinte, der Geist ihres Onkels nehme es ihnen nicht übel, daß sie auf seinem Hügel seien. In der Ferne schienen die gepflügten Felder zu dampfen und zu atmen. Sie hatte das Gefühl, der Wunsch, in Frieden zu leben, schwebte in der Luft.

Poppy stand draußen und schaute in den Nachthimmel,

als sie in der Dunkelheit erschienen. Er wedelte mißbilligend mit dem Finger, aber Liyana wußte, daß er manchmal nur so tat, als wäre er wütend, weil er dachte, er müsse es sein. »Wo seid ihr gewesen?«

»Auf der Einsiedlertour.«

Rafik und Nadine sammelten die zusammengeschrumpften Luftballons vom Boden auf und gaben sie Sitti, die sie glattzog. Sie ächzte dabei und steckte die Ballons dann in ihren Gürtel.

Beim Abschied nahm Omer wieder beide Hände Sittis in seine. Sie schaute ihm tief in die Augen und sagte: »Paß auf dich auf! Komm wieder, bitte, komm wieder.«

Omer antwortete: »Danke. Vielen Dank. Ich bin so froh, Sie kennengelernt zu haben.«

Liyana brauchte keine Übersetzung.

Auf dem Heimweg spürte Liyana ihre Erschöpfung, aber es war ein reiches, schönes Gefühl. Rafik hatte sich das Knie an einem Stein verletzt und stöhnte dauernd auf dem Rücksitz. Khaled sagte: »Jetzt weiß du, wie es mir geht.« Die beiden aßen jede Menge Kürbiskerne und spuckten die Schalen durch das offene Fenster in die Dunkelheit. Einige flogen zurück und landeten auf Liyanas Stirn. Normalerweise hätte sie sich beschwert, aber an diesem Abend machte es ihr nichts aus. Sie wischte sie einfach ab und lehnte sich an Omer.

Poppy sagte: »Was für Erfahrungen ich heute gemacht habe! Neunzehn Leute wollten sich Geld von mir borgen!«

Susan meinte, dies sei ihr bester Tag bisher im Dorf gewesen und sie habe endlich gelernt, *lebne* zu machen. Man müsse den Joghurt nur durch ein Käsetuch pressen. Sie dankte Khaled, Nadine und Omer, weil sie so freundlich zu den Kindern gewesen waren. »Ich glaube, diese Luftballons werden sie lange nicht vergessen.« Poppy sagte, er würde Khaled und Nadine im Lager absetzen und dann Omer nach Hause bringen, weil so spät kein Bus mehr fuhr. Liyana könnte mitkommen, wenn sie wollte.

Um diese Uhrzeit waren die Straßen menschenleer. Ein dürrer Mond lag schief auf dem Rücken.

Türen

Sitti wollte Omer ihren Weingarten zeigen. Sie wollte, daß er ihr sagte, warum ihre Weinstöcke vertrocknet waren. Engel wußten alles. Sie wollte ihm die Schätze in ihrer Schatztruhe zeigen, den zusammengefalteten Samtstoff, die zerbrochenen Uhren und die goldenen Knöpfe. Sie wollte, daß er mit ihr zum See Genezareth fuhr.

»Warum er?« fragte Poppy. »Warum möchtest du mit ihm dorthin?«

»Weil er Hebräisch spricht und du nicht. Und wir könnten das brauchen.«

Sitti verließ nur sehr selten ihr Dorf. In die türkischen Bäder in Nablus wollte sie nicht. Sie hatte sogar beschlossen, die Reise nach Mekka wieder zu verschieben.

Aber sie hatte diese Sehnsucht nach dem kleinen knusprigen Fisch, der im Galil gefangen und zubereitet wird.

»Keine Fahrstühle!« sagte sie und wedelte drohend mit dem Finger.

Rafik fragte, wie es mit Booten sei.

»Keine Boote!«

Als sie am See Genezareth waren und inmitten einiger bunter Gebäude das alte rosa gestrichene Restaurant entdeckten, entschieden sie sich für einen grünen Metalltisch direkt am Wasser. Susan bestellte Wasser-ohne-Eis für sich und Tee für alle anderen. Rafik riß ein Päckchen Kräcker, das er in der Tasche gehabt hatte, auf und fütterte die drei braunen Enten, die herangeschwommen kamen. Er beugte sich vor und hielt die Hand ins Wasser.

»Iiiih! Ist das kalt, Sitti!« sagte er. »Komm, wir gehen schwimmen!«

Liyana und Poppy trugen einen zweiten Tisch heran, damit sie alle genug Platz hatten. Der Wind vom See war steif und kühl. Sitti hielt ihre offenen Hände gegen die kleinen Wellen, als könnte sie sie zurückdrängen. Sie murmelte etwas. Poppy erklärte: »Sie segnet – die Energie. Aber sie sagt auch ›Rafik, bleib fern von mir!‹«

Als er die Speisekarte las, sagte Poppy: »Was sagt man dazu! Die Touristenindustrie hat diesen Platz erobert! Schade! Es war so abgeschieden und ruhig. Jetzt haben die Speisen biblische Namen.«

Sie bestellten alle dasselbe: *Die Mahlzeit der Jünger. Spezialität des Hauses.* Das Bild auf der Karte zeigte knusprigen Fisch, Zitronenscheiben und Berge von Reis.

Bevor das Essen kam, tranken sie den heißen Tee. Sitti sammelte die Tassen ein, damit sie im Bodensatz lesen konnte.

Sie zeigte aufgeregt auf Rafik und stöhnte tief. Poppy seufzte: »Sie sagt, du mußt mehr lernen.«

Liyana sagte: »Das hätte ich dir auch ohne Tee sagen können.« Unter dem Tisch trat ihr Rafik leicht vors Schienbein.

Als nächstes starrte Sitti Omer in die Augen, dann in seine Tasse und sagte etwas mit tiefer Stimme. Poppy übersetzte: »Du wirst tapfer sein müssen. Harte Tage kommen auf dich zu. Da sind auch Mauern. Du kannst sie nicht brechen, aber such die Türen in ihnen.« Sittis weißer Schal wurde vom Wind hochgehoben. »Du hast schon angefangen. Wir zusammen hier.«

»Und das alles aus meinen Teeblättern?« meinte Omer. »Sie sind ja sehr gesprächig.« Er lächelte Sitti zu.

Susan legte ihren Arm um Poppy und zog seinen Stuhl näher zu sich heran. Die Sonne reflektierte auf ihrem Haar wie ein Scheinwerferlicht.

Sitti klopfte auf den Rand von Liyanas Tasse und kippte sie vor und zurück.

»Ich glaube, sie schwindelt«, sagte Rafik. »Sie schiebt die Blätter hin und her, damit sie ihr etwas Nettes sagen. Ist dir schon aufgefallen, daß meine Tasse immer rumkommandiert und deine immer ein Kompliment enthält?« Theatralisch bedeckte er seine Stirn mit der Hand. Omer lachte.

Wie zu erwarten, erklärte Sitti, daß die Blätter in Liyanas Tasse ihr eine wunderschöne Zukunft vorhersagten. »Zum Kotzen«, murmelte Rafik.

»Gehe und rede«, übersetzte Poppy. »Gehe und rede.« Er klopfte sich an die Stirn und zwinkerte.

»Sie scheint dich ganz gut zu kennen«, flüsterte Omer.

Sitti berührte Liyanas Stirn mit zwei Fingern und gurrte. »Sie sagt, du hast eine mächtige Welt in dir. Sei stark. Lasse sie weiter heraus.«

Liyana sagte ganz leise: »Ich werde es versuchen.«

Ein Roman für alle Mütter und Töchter

Treasures Untaten, die Gefahren der Großstadt und die Leiden einer Mutter, die liebt (nicht weise, aber sehr):

Gina Davidson **Du bist unmöglich**

Treasure ist fast fünfzehn, liebt den Luxus und das Telefon. Sie fährt in die Ferien, färbt sich die Haare, geht einkaufen, telefoniert, verliebt sich, geht auf Partys, telefoniert, verschwindet stundenlang, bringt Horden hungriger Halbwüchsiger mit nach Hause, telefoniert, kommt ins Fernsehen, läßt sich durch die Gegend kutschieren (sogar von ihrer Mutter), telefoniert.

Was man von Treasure nicht erwarten kann: Aufräumen, ihre Mutter verstehen, sich auf Hausaufgaben konzentrieren, ihren Anteil der Telefonkosten bezahlen, ihrer Mutter ein Geburtstagsgeschenk kaufen (wenn sie kein Taschengeld bekommt), ihre Mutter verstehen, Bücher lesen, die ihre Mutter empfiehlt.

294 Seiten, ISBN 3860 42-237-5

»Gina Davidson, selbst Mutter einer Tochter, hat den anstrengenden Mutter-Alltag mit beachtlicher Selbstironie aufgeschrieben.« (ELLE)

Alibaba Verlag
Frankfurt am Main

Eine Sammlung erstaunlicher Texte junger Autorinnen und Autoren

Ich bin Jane. Nicht Jäine wie in Tarzan und Jane, sondern Jane mit a. Und ich bin eine, die auszog, ohne sich zu fürchten.

Nie mehr Kinderzimmer

Herausgeber: Anne Teuter und Abraham Teuter

"Ich habe mit Christine Schluß gemacht. Sie hat kein Wort gesagt, nur angeguckt hat sie mich, so von unten her, mit traurigen Augen, die flehten: Bitte schick mich nicht weg; wir hatten es doch immer so gut miteinander. Ich habe dir immer verziehen, wenn du mich vernachlässigt oder gequält hattest. Also, bitte, bitte, schick mich nicht weg.
Ich blieb hart, packte ich sie an der Schwanzflosse und warf sie vom Bett, sie, die Gefährtin meiner Jugend, die in Ehren vergilbte Plüsch-Seehunddame.
Jetzt liegt sie am Fußende."

Lieber starke Texte bei Alibaba als schwankende Notierungen am neuen Markt

200 Seiten, ISBN 3-860 42-092-5, DM 21,00,

Alibaba Verlag
Frankfurt am Main

20 Jahre Alibaba Verlag
Jubiläumsprogramm

Norma Klein:
Madison und die Freiheit der Jugend

Tim, ein Junge im letzten Jahr der High School, schwängert seine Freundin, die das Kind austragen und zur Adoption freigeben möchte. Vor Gericht erstreitet TIm das Sorgerecht für das Baby. Mit seinem kleinen Sohn zieht er zum Studium nach New York und dort in eine Frauen-WG. Das Leben als studierender Alleinerzieher ist viel anstrengender, als er sich hat träumen lassen.
Ersterscheinung: Februar 1990
übersetzt von David Chotjewitz, 271 Seiten, ISBN 3-922 723-96-9
Jubiläumspreis DM 19,00, ÖS 139,00, SF 16,90

Jan Needle:
Sandra zwischen allen Stühlen

Eine junge Polizistin in einer englischen Kleinstadt wird zur Aufklärung eines Mordes an einem alten Pakistaner (an nachgeordneter Stelle) eingesetzt. Verhaftet wird der Sohn des Opfers. Sandra kennt ihn von der Schule her und hält ihn nicht für den Mörder. Ihre Vorgesetzten meinen aber, wegen eines toten Pakis hätten sie genug getan ...
Ersterscheinung: Februar 1997
übersetzt von Käthe Fleckenstein, 191 Seiten, ISBN 3-860 42-235-9
Jubiläumspreis: DM 18,00, ÖS 131,00, SF 16,00

20 Jahre Alibaba Verlag
Jubiläumsprogramm

Jenny Pausacker: Was bist du?

Leith versucht ein Puzzle zusammenzukriegen, desen Teile Unbequemlichkeit versprechen: Warum befriedigen sie die alten Freundschaften nicht mehr? Ist sie wirklich lesbisch? Barb andererseits braucht nach einer großen Enttäuschung Zeit, um die Signale der Liebe zu begreifen, die von einem Jungen kommen, von dem sie das am wenigsten erwartet hat.

Ersterscheinung: Februar 1990

übersetzt von Ilse Utz, 175 Seiten, ISBN 3-922 723-94-2

Jubiläumspreis: DM 16,00, ÖS 117,00, SF 15,00

Celia Rees: Schritte am Abgrund

Ein Thriller mit einem Mord, einem Mörder und einer Vergewaltigung. Hintergrund ist das realistisch geschilderte Leben, die Dinge, die für Jugendliche eine Rolle spielen. Im Mittelpunkt steht das Thema der Gefahr aus dem engsten Bekanntenkreis - und eine starke Frauenfigur (Celia Rees)

Ersterscheinung: August 1994

übersetzt von Gerda Bean, 191 Seiten, ISBN 3-860 42-153-0

Jubiläumspreis DM 18,00, ÖS 131,00, SF 16,00

3,50.—

Psychosexuelle Verführungstechniken und psychomagische Gedankenkontrolle

Die Tricks und Taktiken der sinnlich-charismatischen mentalen Kontrolle für die Erfüllung aller Wünsche: Ziehe durch die Kraft deines Geistes Menschen, Geld und Erfolge magnetisch an

von

Dr. Joseph Plazo & Stefan Strecker

Zum Autoren:

Der Autor Stefan Strecker gibt Seminare zu Themen wie: „Flirten, Verführung, Partnerschaft, Persönlichkeitsdesign“ und ist im Internet erreichbar unter www.seros.de und www.stefanstrecker.de

Ursprünglicher Titel der 5. amerikanischen Auflage: „Psychic Seduction“ by Joseph Plazo © Copyright 2001-2004 by Exceed International. © 1. Auflage 2004 by SEROS media, Strecker Verlag. Übersetzt aus dem Amerikanischen mit Kommentaren und Beiträgen von Stefan Strecker, cert. NLP-Master DVNLP.

Gesamtherstellung: Bohmeier Verlag, Printed in Germany

ISBN 978-3-89094-649-8